每天的生活，都是靈魂的精心創造

You create your own reality.

每天的生活，都是靈魂的精心創造

You create your own reality.

You create your own reality.

每天的生活，都是靈魂的精心創造

賽斯心法24

喜悅的期待

——《健康之道》讀書會5

主講——許添盛
文字整理——李宜懃
總編輯——李佳穎
責任編輯——張郁琦
美術設計——唐壽南
版面構成——黃鳳君
發行人——許添盛
出版發行——賽斯文化事業有限公司
地址——新北市新店區中央七街26號4樓
電話——22196629
傳真——22193778
郵撥——50044421
版權部——李宜懃
數位出版部——李志峯
行銷業務部——楊婉慈
網路行銷部——高心怡
法律顧問——北辰著作權事務所
印刷——鴻柏印刷事業股份有限公司
總經銷——大和書報圖書股份有限公司
地址——新北市新莊區五工五路2號
電話——89902588　傳真——22997900
2024年12月1日　初版一刷
售價新台幣350元（缺頁或破損的書，請寄回更換）

ISBN 978-626-7332-83-2
賽斯文化網站http://www.sethtaiwan.com

Joyful Expectation

Introduction to "The Way Toward Health" Vol.5

喜悅的期待

《健康之道》讀書會 5

許添盛醫師◎主講
李宜懃◎文字整理

關於賽斯文化

發行人 許添盛醫師

我是個腳踏實地的理想主義者。賽斯文化，是為了推廣賽斯心法及身心靈健康理念而成立的文化事業，希望透過理性與感性層面，召喚出人類心靈的「愛、智慧、內在感官及創造力」，讓每位接觸我們的讀者，具體感受「每天的生活，都是靈魂的精心創造」（You create your own reality）。我們計畫出版符合新時代賽斯精神之書籍、有聲書、影音商品及生活用品，並提攜新進的身心靈作家，致力於賽斯思想及身心靈健康觀念的推廣，期待與大家攜手共創身心靈健康新文明。

喜悅的期待

《健康之道》讀書會5

Joyful Expectation: Introdiction to "The Way Toward Health" Vol.5

目錄

第42講

第43講

第44講

第47講

第48講

愛的推廣辦法

第41講

41-1

・身體出問題原因不在身體，而在內心

有位同學因為罹患乳癌而開始接觸身心靈，她很渴望得到關心和注意，可是有時候又怕別人注意到她。這是很多人都有的矛盾，其背後代表著兩種不同的需求：一方面希望被肯定、在乎及讚美，另一方面卻對別人的關注感到恐懼不已。她經常擔心：「萬一我不夠好、人家不喜歡我、我被批評怎麼辦？」於是，在工作上培養了讓自己隱形的本領，例如老闆要找她的時候總是找不到，或是看到她也會視而不見而去找別人，如此一來她就可以不必負太多責任。她也常常讓自己假裝不在乎，但內心其實非常在乎。

我們在生活當中，是否經常假裝自己不在乎、不生氣、不傷心？例如爸爸要分財產時，一半給哥哥、一半給弟弟，身為女兒的一毛錢都沒有，女兒嘴巴上雖然說：

「這都是爸爸的錢，爸爸你來決定怎麼分就好。」但這是假裝不在乎，內心其實很在乎。我們的內心有很多感受和受傷的感覺，只是沒有去覺察。

《健康之道》這本書一直在強調身心靈健康的三大定律，其第三定律就是「身體是心靈的一面鏡子」，因為所有的物質都是由能量而來，能量是一切物質的根本，所有心靈的能量會以肉體的形式顯現。

最近我在幫助一位直腸癌的同學，他的治療方式是必須把整個肛門切除，滿殘酷的，所以來找我。我跟他探討整個成長過程、工作經歷、跟主管和同事間的互動關係。他提到換了好幾份工作，每一次跟主管互動的過程都覺得很受傷。我當下靈光一閃想到，人的皮膚表皮若受傷了會流血，因此任何疾病只要涉及到出血，例如胃出血、食道靜脈瘤破裂出血等，就要問自己：「是不是在身體出血之前，我的心靈已經受了很多傷？」因為身體是心靈的一面鏡子。

於是，我跟他說：「如果你能夠從今天起，看到自己內心曾經受過的傷，把過去跟主管、同事互動時受到的傷害、誤解、不公平的待遇，一個一個找出來，一一處理和療癒，你的腸癌一定會好。那不只代表著你內在的受傷，還有所有的憤怒、不平衡、不甘願。不要假裝不在乎，以為事情過了就算了，那是自我欺騙，內心受傷的感覺如果沒有解決，就算是五十年前發生的事，心裡的不舒服依然宛如昨日，因為心靈不受時間影響，這就叫廣闊的現在。」

另一位同學因胃潰瘍出血，開刀切掉三分之二的胃，但是問題真的解決了嗎？其實只解決了肉體及物質層面，沒有解決能量的層面，她依然孤單、寂寞、壓抑、委屈，一個人硬撐，讓自己看似堅強獨立，但是對愛的渴望及對家人的期望，卻沒有得到滿足。她的內心受傷了，即使切除三分之二的胃也沒有用，後來膽又長了東西。

我們的醫學和醫生花費很多人力、物力，可是卻沒有解決大家心中的苦，這才是關鍵。我從來不反對身體的治療，但不管是開刀、化療、放療都是輔助，真正的治療是心靈的治療，內心的苦和壓力才是能量層面的問題。身體出問題原因不在身體，而在內心，因為身體是心靈的一面鏡子，我們要引導每個人找到自己的內在，而不是一直在身體上做文章，這就是學習《健康之道》的目的。

41-2

‧停止自我犧牲，要完成小我、成就大我

我希望大家能覺察：「是否會在不知不覺當中，習慣把自己塑造成受害者？」受害者常常會說：「都是別人害我的。」「都是小孩把我變成每天神經兮兮的老太婆。」「都是老闆、同事讓我精神緊繃。」「都是因為我爸爸不是王永慶，我今天才過得這麼辛苦。」

有一些受害者會習慣當犧牲者，因為自我犧牲會有一種昇華的美德。比如說先生外遇，太太的第一個念頭可能是：「如果她對你更體貼入微、給你的愛比我多，那麼你就跟她在一起吧！」這種說法沒有對錯，可是背後有一種自我犧牲的精神，希望先生過得比她好。

這種自我犧牲的心情也經常發生在親子之間，例如父母經常認為自己吃苦、省吃

儉用沒關係，但要讓孩子過好的生活，有時也會發生在夫妻或朋友之間，甚至是宗教裡。過去我們的宗教和道德觀念甚至認為自我犧牲的人很崇高，前陣子我輔導一位個案，他說終於發現自己為什麼得到絕症，因為他有一種殉道者的精神。

我很早就說過，賽斯心法不是要犧牲小我、成就大我，而是「完成小我，成就大我」，每個人健康快樂，既完成自己，也成就了大我。但是，很多人是犧牲小我、成就大我，例如小時候家裡窮，長兄或長姐本來也許功課最好，但國中畢業後就去工廠做工，栽培弟妹念碩、博士，犧牲一輩子成就弟妹，結果父母出事他們在國外理都不理，只好自己一個人在台灣扛起來。

我不要大家一路犧牲，因為犧牲到後來會怨天尤人、會生病，原本以為自己可以做到不在乎，其實卻很在乎。但我也不是要大家當壞人，比如說，身為哥哥的人當年國中畢業為了栽培弟妹去工作，栽培到某個程度，要去跟他們說：「以前哥哥栽培你們，無條件給你們那麼多錢完成學業，現在你們月薪二、三十萬，每個月拿個三萬來。」哥哥可不可以這樣做？可以。去跟弟妹開口一個月提供三萬，然後自己工作減半，念個高中同等學歷再去考大學、研究所，慢慢把學歷補上。

為別人著想沒有錯，就像有的太太當年為了家庭辭掉工作在家帶孩子，當孩子長大了，可以跟先生說：「老公，當年我的薪水跟你不相上下，生了孩子後我願意把工作辭掉，在家帶了孩子十年，現在孩子小學快畢業了，我要開始去上班，把以前沒有完成的工作成就拿回來。你繼續去拼事業沒關係，我們請家事服務員幫忙。」

很多人會有一種幻相，認為自我犧牲是偉大的情操。例如身為女兒，看到兩個哥哥都忙，父母親生病了，於是犧牲自己不嫁人，把所有的錢拿回家，後來爸媽分財產的時候一毛錢都沒給她，心裡平不平衡？不平衡。她可以跟爸媽說：「爸爸媽媽是對的。我自我犧牲，照顧你們多年沒結婚，最後工作也辭掉，財產哥哥一份、弟弟一份，我沒話講，但至少給我三分之一。」該爭取的地方就要爭取，這麼做沒有傷害或侵占別人。

我教大家的不是自私自利，因為很多人一路犧牲，再加上宗教信仰的道德觀又鼓勵壓抑，結果把自己塑造成受害者，心中產生很多不平衡。可是老實說，如果修行不夠好，吞下去會化不掉，不相信的人拿根鐵釘試試看，吞下去化得掉嗎？化不掉，會在身體、心裡慢慢累積成毒素開始生病。因此，首先要透過身心靈的修行，開悟解

脫，將內心的不平衡、不愉快化解掉，同時要停止自我犧牲，走上自我完成的道路，
因為自我犧牲最後對整體是損害，而自我完成對整體是加分。

41-3

・心理對身體的影響力非常大

最近有則新聞提到苗栗幾個高一學生在宿舍玩碟仙，後來集體昏倒。這個事件其實是一種集體的歇斯底里反應，與碟仙無關，因為女生本來就較容易接受自我暗示，也容易過度換氣。

該校學生在入學前就常聽到許多傳聞，宿舍又離外面墳墓只有四百公尺，高中生以訛傳訛，在宿舍裡把燈光調暗，空氣不流通，在那種神祕的氣氛之下，一緊張害怕，結果就過度換氣暈厥。而當一個人出現這種現象時，心理上的恐懼會交互感染，其他人也跟著起鬨，造成集體恐慌，這是青少年獨特的文化，跟墳墓或碟仙沒有實質上的關聯。

像很多人不管抽血或針灸，只要一看到針就會昏倒，這種暈針現象代表人的心理力量非常大，也代表很多人對自己內心的反應不太覺察，例如有些人探病或參加告別式之後會被沖煞到，渾身不舒服，有些人在路上看到車禍或被搶劫，回家會心神不寧，忐忑不安，全身發抖。這些都是驚嚇反應。

人的心靈有時候容易受到驚嚇，所謂的收驚就是在做某種形式的心理治療，讓心能安定下來。可是一般人常會把這些歸究於外力，認為是碟仙、鬼或某些能量，而讓自己成為受害者。讀了賽斯書之後，就要有不一樣的想法。我要說的是，心理層面的影響力非常大，但現在很多人對心理上的力量比較不理解，上述新聞就是人的心理影響身體的典型例子，而且這種現象會集體感染。

41-4

• 只要身體各個系統得到內在的支撐力，就會健康

任何儀式的設計都是為了人而存在，電影《父後七日》講的是傳統民俗，有時候哭的過程是讓人釋放悲傷，只是孝女白琴叫大家哭的時候，現場的人不見得能打從內心哭出來。

這裡有一個重點，如果心靈受到驚嚇或內在有些情緒及悲傷，的確是要釋放，可是很多時候我們會假裝不在乎或壓抑，結果無法釋放而累積成疾病。尤其是親人往生時，家屬累積的不一定是悲傷，也會累積罪惡感或自責。

像我最近輔導很多精神病患，有一些奇蹟似的反應，沒有吃任何藥物，慢慢恢復正常。我觀察到幾個原因：第一、家屬不離不棄。因為很多精神疾患的家屬會放棄，或是只懂得給當事人吃藥，一吃就是一輩子，成效不彰。賽斯家族裡有幾個媽媽則是

帶孩子參加我們的跳蚤市場義賣活動、繪畫、讀書會等，始終如影隨形。

第二、讓這些精神疾患有自我價值。因為他們內在的共同問題是覺得自己一無是處，整個人崩潰了，這時候如果給他一個鼓勵、一份工作，就會慢慢改善。像我有位個案原本沒有能力工作，由媽媽出錢給工作人員，再由工作人員發薪水給當事人，讓他認為是他自己賺的，結果他的狀況越來越好。

由此可知，人的心理有多重要。今天有位個案來找我，他才來幾次，進步很多。我說：「人會精神崩潰，一定是某個內在的支撐力不見了，就像你站在梯子上刷油漆，梯子突然垮掉，你就跌下來了。」一個精神疾患發作的人，是因為遇到某個外在的壓力、挫折或困難，導致內在自我意識下的支撐力崩潰，整個人格就像跌進窟窿一樣，開始產生負向症狀，包括幻聽、幻想、思想空洞、表情平淡，缺乏動機、幼稚、沒有信心。

內在的支撐力之所以會不見，多半來自兩個原因：一個是把自己的信心拿掉了，對自己不再有信心，另一個是否定了某一個自己。像我今天這個個案，否定了一個壞脾氣的自己，他認為就是因為脾氣不好、個性不好，所以人際關係不好，可是他不喜歡人際關係不好，就否定了壞脾氣和個性不好的自己。可是那個自己，也是他主要的人格，拿掉之後整個人格空洞化，支撐力突然崩掉，這就是他精神分裂發作的內在機轉。身體也是如此，我常常說，疾病裡面經常包含著自我否定，一旦否定掉自己的某一部分，不再相信自己，身體整個完整性就會出問題。

我現在慢慢去建構一個精神分裂症的人從小到大是如何形成這樣的疾病，開始去幫他找到內在的支撐力是何時崩掉，再幫他重建內在的支撐力，讓他的自我人格結構可以被內在潛意識的心理結構重新撐起來。身體也是一樣，就像我們講的底氣，要如何讓身體的元氣恢復，讓身體內在的能量和完整性撐起來？只要身體各個系統得到內在的支撐力，就會慢慢恢復健康。

41-5

・要恢復健康，就從恢復童心開始

（《健康之道》第三六八頁第五行）你的身體實際上靠大量喜悅的期待而活。什麼是喜悅的期待？就是對明天、後天、明年、後年，永遠抱持樂觀。通常我們看到會歡喜迎接明天的是小朋友，而很多中老年人對未來大多很悲觀，覺得只有老病死在等著他們。

像現場有位同學今年七十五歲，如果能做到從今天起，未來每一天都有大量喜悅的期待，病一定會好。大家年輕的時候期待出社會、賺錢買自己想要的東西，期待生小孩、孩子長大有成就、賺錢給自己。過了五、六十歲，對健康、喜悅的期待越來越少，日復一日，於是得到慢性病。其實慢性病不是身體的問題，而是內心的問題。

我希望每個人從今天起下定決心，告訴自己：「我要對未來、明天、後天、大後天，都抱持著大量喜悅的期待。」喜悅的期待很簡單，例如學會游泳、學一項新技能，甚至是開畫展或旅遊。像我最近靠健身瘦了七公斤，之前本來就在運動，只是多加一些重量訓練，就看到身體的變化，不但腰越來越細，倒三角型的身材和腹肌也慢慢出來，很開心。

每個人都可以在生活中，對明天、後天設想一個好玩有趣的新鮮目標或活動。大家有沒有發現，小孩子臉上的笑容比老人臉上的笑容多？老人大部分面無表情，小孩子多半是快樂、歡笑、活潑，而身體的健康依賴著大量喜悅的期待。

胎兒是被對未來的生長與發展的期待所推進的，去預期最不幸的情況會惡化，而非改進，已經夠糟了，但相信人類必然會毀滅自己，或核子毀滅幾乎是不可避免的，真的就是魯莽了。小孩子學走路、學說話也是，都是由對未來的一種生長與發展的期待所推動，他們永遠對明天抱著期待、好奇、喜悅和新鮮感。

有時候我去賽斯村上課，結束後會去兆豐農場泡溫泉，上週晚上九點半我去泡裸湯，有個小學五年級的小朋友脫光光走進來，我跟他聊了幾句，結果他想跟我玩，就問我說：「我可以潑你水嗎？」我沒有嚴峻地拒絕他，只說：「不行，我戴眼鏡，你不可以潑我水喔！」我突然覺得好親切、好開心，因為小朋友天生好奇，永遠愛玩，喜歡跟陌生人打交道，對人抱著信任的態度，例如一上火車，就開始嘰哩呱啦跟周遭的人聊天，跑來跑去，很歡樂。

可是大人一路在人間成長後，學會的是冷漠、自我防衛、負面思考，失落了最重要的寶藏：快樂、天真、活潑的赤子之心。至少我到目前為止，還保持著部分的童心，常常到一個地方就像小孩子一樣四處逛逛。我建議大家，要恢復健康就從恢復童心開始，失去了童心就不再快樂、不再好奇，永遠防衛自己。

41-6

• 不論境況、年紀或性別，每個人真的都能重新開始

（《健康之道》第三六八頁第六行）賽斯說，很多人會去預期最不幸的情況會惡化，例如預期財務、健康、孩子的課業和未來會走下坡。很多人相信人類必然會毀滅自己，也相信這個世界核子毀滅幾乎是不可避免的，真的是糟糕透頂。

許多人不再相信死後的生命，而因此，很多人就被否定了一個心靈上或身體上的未來。賽斯的經典名言是：「不管你相不相信你會輪迴，你就是會輪迴。」而且我還跟大家開玩笑說：「如果你死掉之後發現你不會輪迴、不存在了，可以回來找我算帳，我一定概括承受。」因為心靈上靈魂永生，這個肉體往生了會有一個靈體。地球從來沒有死過人，只是形式的轉換，死亡只不過是一個幻相。

這剝奪了身體與心智為了享受任何追求或活動所需的熱情和目的，這種信念使

得任何人類努力都顯得無用了，有遠較健康和有益的對核能危險反應的方式，我們後面會討論。最近屏東分會羅那主任有帶一個「生死體驗營」的活動，聽學員說跟瑞克（Rick Stack，《30天學會靈魂出體》作者）帶的意識轉化工作坊一樣好，引導同學寫遺囑、投胎計畫書，省思這輩子的人生。這些都是我發明的，包括生前告別式。如果一個人相信死後有生命，對未來充滿期望，很多老年人的憂鬱症都會好，不會被悲觀、絕望所擊敗，因為老年只不過是通往另一個人生的開始。

目前，所有這種信念都該儘快地被瞭解與討論，我們希望顯示，大多數自然促進健康的信念都可以適用於所有精神的、身體的，或情緒的疾病或困難。也適用於經濟上的窘迫，我知道很多人的收入有時候不多或不穩定，開銷又大，我要告訴大家，學了賽斯心法後，花在賺錢的時間和力氣會比原來少，可是收入會更多或開支會更少，生活品質提升。過去我多半強調賽斯心法可以恢復健康、身心快樂，不太喜歡強調財務狀況會改善，但的確是如此，希望大家有這個概念。

賽斯想要保證，不論你的境況、年紀，或性別，你真的都能重新開始，賽斯說了算，每個人都能重新開始，由你之內重新喚起那些先前更天真的期待、感受和信念。

剛才講過先回到赤子之心，回到天真的期待、感受和信念。

如果能按照兒童的遊戲來想像這努力，而非視為一個極度嚴肅的成人追求，要好得多。重點在於像兒童，而且是以遊戲性的心情來想像。很多追求靈性的人都過於嚴肅認真，一旦如此，什麼都是假的。賽斯所說的內容之所以特別突出，就是因為強調天真、快樂、活潑、輕鬆、自在。

身體的健康靠著大量喜悅的期待，我們失落了最珍貴的寶藏，那就是赤子之心，但賽斯說，不論今天在什麼狀況、年齡、條件，只要願意相信，然後採取行動，一定都能重新開始。

41-7

• 發揮遊戲的概念，就能鼓勵想像和創造能力的利用

（《健康之道》第三六八頁最後一行）換言之，甚至對最嚴重的問題，我們也將徐徐灌輸一個多少遊戲性的態度，因為遊戲這概念本身，就鼓勵想像和創造能力的利用。這個重新來過——

我最近在輔導一位二十歲的年輕人，之前遭遇重大車禍，導致大腦、全身嚴重受損，在行動力、智力和判斷力上面都有問題。我問他：「如果我說發生了這個意外，導致現在行動不方便、智力受傷害，都是你潛意識吸引和創造的，你能回答我為什麼嗎？」

他非常有智慧，回答說：「因為當時我的課業遭遇重大挫敗，開始出現嚴重的叛逆行為，沒有人勸得了我，後來創造了這個嚴重的意外，阻止自己繼續墮落下去。」

我一聽目瞪口呆，他沒有看過賽斯書，是他媽媽在學習賽斯思想，媽媽聽他這樣說，眼淚流了下來。

我說：「你能創造這麼嚴重的車禍意外，讓自己的大腦受損、走路行動不穩，就表示你有創造力讓自己恢復。現在你明白了，可以重新開始。」他媽媽紅著眼眶跟我道謝，她不知道孩子的內心其實這麼清楚明白。

每個人都要慢慢理解內在偉大的創造力，即使是最嚴重的問題，例如先天異常，從賽斯心法的角度來說都是輕而易舉的，因為賽斯心法就是可以發揮不可思議的作用，當今這個世界只有賽斯心法做得到。我過去也輔導過一個六、七個月出生的早產兒，他現在也已經三十多歲了。

• 信念改變一瞬間，創造實相要時間

由於時間的同時性，信念可於現在這一刻改變，信念改變一瞬間，創造實相要時間。所以，不論過去二、三十年或累生累世的狀況，只要現在這一刻改變信念，實相就開始改變。

不必為了信念的「原始」原因，苦苦尋索進入此生或任何其他一生的過去裡。這句話可以讓很多人解脫，因為他們一直尋求催眠，想了解童年或前世遺忘的創傷經驗，認為是不是受到前世的哪一個業障影響？想去追尋的人，我不反對，可是請看到賽斯這句話，不論童年、前世、前一百世發生的任何事情，不必苦苦追尋，只要現在，做某一種的改變將自動「全面的」改變所有的信念。沒有過去，沒有未來，當下是威力之點，當下一改變，所有童年、十年前、三百年前的事全都一起改變。

例如有位同學膽囊長了良性腫瘤要做化療，這個病是四個月前診斷出來的，他是四個月前生病的嗎？不是，因為現在的病在他身體裡，所以是今天生病的，不是四個月前。如果是今天生病的，那麼病什麼時候可以好？就是今天。不要跟我說：「許醫師，我十年前得了糖尿病、高血壓，或三年前得到癌症，今年可以好嗎？」是哪一天有癌症的？是今天。也不要跟我說：「許醫師，我二十年前離婚了，好痛苦。」請問是二十年前痛苦，還是今天痛苦？是今天痛苦。一切都是現在進行式，也就是being。

雖然探索十年前、二十年前的事也有幫助，但那是輔助因子，只為了轉化今天。

關鍵在於當下，不是十年前得糖尿病，而是今天有糖尿病，如果今天沒有糖尿病，病就好了，十年前的糖尿病還在不在？不在。就像某甲十年前到今天欠了一百萬，他是十年前欠一百萬還是今天欠一百萬？今天。我今天給他兩百萬，他還完了沒有？還完了。這就是賽斯心法不可思議的地方，因為它可以完全不理會所有的過去。

請大家不要誤會，來看我門診或找我做個別諮商，我還是會問過去，但我問過去只是為了鋪陳，以解決今天。可是很多人都有個錯誤的觀念，以為要找到過去，才能解決今天，這樣不對，其實是為了解決今天，順便去找過去，因果關係應該是如此。所以，不是四個月前有膽囊的毛病，是今天有，如果要好起來，什麼時候會好？現在，因為信念改變是一瞬間。

在賽斯心法裡，時間不存在，當心靈夠快速，過去、現在、未來同時存在，速度決定時間，無限的速度就是無限的時間。很多人拼命去追求，想著：「二十年前他傷害我，到現在我還在痛苦。」請問是哪一天痛苦？今天，跟二十年前沒有關係。我常講：「如果你今天不能快樂，你哪一天都不能快樂。」所以，不是三年前生病，是今天生病，這叫現在進行式，既然是現在進行式，當下就可以改變。做某一種改變就會自動全面改變所有的信念，牽一髮而動全身，改變了今天，就改變了生生世世，這就是我們在學的賽斯心法。

41-8

‧遊戲是最重要的人生態度

（《健康之道》第三六九頁第七行）不過，你不去過分強調達到結果，卻容許自己一些餘地，是重要的。你習慣性地對你的信念反應，往往不加思索，並在一般對時間的概念，以及你對時間的經驗內——必須給自己「一些時間」去改變那個習慣性行為。信念改變一瞬間，但是習慣行為的養成和實相的創造要花時間。不管是癌友也好，精神疾患也好，很多人期望來看一次我的門診、上一次我的課，病就會好，這種預期不對，必須給自己一些時間去改變那些習慣性行為。

如果這樣做的話，將發現自己對想要的信念，與對不想要的信念一樣輕鬆而自動地反應。要列出清單，什麼是想要的信念、什麼是不想要的信念。前幾天有個三十多歲的女性來看我，乳房惡性腫瘤四公分，自己當過護士，姐姐是護理長，竟然拒絕所有的中西醫治療。我跟她說：「要不要中西醫治療，我沒有意見，可是一定要開始接觸賽斯心法。」我對這位個案很訝異，她要用心靈的方式來自我調整，我發現很多人都開始尋求自己內在的力量。像她這樣的狀況，就要整理賽斯這裡所說的，什麼是想要的信念，什麼是不想要的信念。

先前有位同學分享自己的財務狀況越來越好，他提到了心中抱持著三個信念：第一、宇宙是豐盛的；第二、他會不缺錢；第三、他很幸運。至於不要的信念是什麼？「宇宙是匱乏的、競爭很激烈、我怎麼那麼倒楣、錢哪有那麼容易賺。」如果繼續維持這些信念，很快會反應在實相裡。

如果這樣做的話，心裡要記住兒童的遊戲概念，這將容許你保持整件事懸在那裡。就是要有個像在玩遊戲的心態，比如做菜，很多人是基於責任不得不做，很多人是東加加、西加加，覺得好玩，發揮創意。台灣的廚房常常是在房子的最後面，家庭主婦把自己關在封閉的廚房裡煮飯，先生和孩子在客廳玩，而老外的廚房大部分是開放式的、在中間，因為做料理是全家人培養感情的地方，可以邊做料理邊聊天，甚至一邊放著許醫師的有聲書，一起身心靈成長。

其實只要改變一下空間設計就可以辦到。喜歡小酌的人，客廳也可以設計一個迷你酒吧，配上高腳椅，買個水族箱養魚，燈光一投射，夫妻倆開始聊天。生活要會營造和改變，而且要用遊戲性的心態去做。很多家庭都有很實用的東西，卻沒有遊戲室，可是遊戲是最重要的人生態度，我們一長大就不遊戲了，這樣不對。

早在長成大人之前，兒童就會扮演成人，因此，當你仍在成長到那個更有利的畫面時，你同時可以與更想要的信念遊戲。想要的信念包含健康、快樂、更有錢、更富足、家人情感更好，用輕鬆的心情跟信念遊戲，因為用遊戲的心情改變信念、創造實相最快樂。有遊戲心就不會有得失心，也不會太嚴肅，我常常說，有心栽花花不開、無心插柳柳成蔭，有時候千山萬水去追求都找不到，可是心情一放鬆下來，踏破鐵鞋無覓處，得來全不費功夫。求道也是一樣，學賽斯也是一樣，要遊戲性的跟信念打交道。

• 肉身存在的本身就是依賴許多自發性的過程平順運作

（《健康之道》第三七〇頁第六行）自發性與健康和疾病的關係，肉身存在的本身就是依賴許多自發性的過程平順運作。怎麼樣才能呼吸？不要憋氣就可以呼吸了，這是自發性。怎麼樣才會健康？不要不健康，就是健康。所以健康是自然的、是自發性。只要不讓自己窮，就會有錢，只要不讓宇宙幫不上忙，宇宙就會幫忙。

你的思想、呼吸及運動，全都被大半是無意識的活動——至少從你平常想作是意識心的觀點來看——所指導。心臟是我們控制的嗎？萬一睡著了沒有控制怎麼辦？其實我們的思想、呼吸及運動，都由無意識的活動所指導，我們會自發的想事情，宇宙是由自發性所組成的。

講到自發性，請大家抱持一種很重要的人生態度：信任。一旦失去了信任，就失去了健康。請不要跟我說：「那是因為我老公經常外遇，我才不信任他。」「是因為入不敷出，我才不信任金錢。」「是因為一天到晚生病，我才不相信身體。」「是因為孩子每次都考不好，我才不相信他。」請列出自己心中有多少不信任，不管原因，也不管如何形成，反正只要不信任，對身心健康已造成負面影響。

第42講

42-1

・內在先產生恐懼不安，才吸引了外在的恐懼不安

我之前在新店上過一堂課，請學員回家思考：「在生命當中，有多少部分是以恐懼作為動力？」以一位駝背的甲學員為例，他可以透過運動改變體態，包括練瑜伽或參加太極導引，以及隨時隨地矯正姿勢，不斷自我提醒。但是他因為經常彎腰駝背，開始擔心未來會不會癱瘓坐輪椅，那是內在恐懼能量的投射，坐輪椅這件事尚未發生，而內心恐懼已經存在。

請回來觀察自己的內心，因為恐懼是一種能量，這股能量最後會去找到某一個目標。很多人誤以為是外在發生的人事物讓自己心生恐懼，他們會說：「是因為身體不好，我才恐懼生病。」「是我的媳婦吵著跟兒子離婚，我才擔心他們的婚姻。」其實是內在先產生恐懼不安，才吸引了外在的恐懼不安。

我要告訴大家一個概念：心是創造的工具。一個思維方式、內在情緒經常處於恐懼擔心的人，一定會在外面的世界陸續遭遇和創造讓他恐懼擔心的事。如果沒有把這個因果顛倒過來，一輩子都會在世俗輪迴的痛苦中不得解脫。除非先安自己的心，否則不管是配偶、小孩、事業還是健康，沒有一件事能放心。

我最近有個很有趣的比喻，負面情緒就像天空中流浪的導向飛彈，這個飛彈有一天會回來打到自己，所以恐懼能量如果沒有處理，未來可能會變成疾病爆發、出現財務危機，甚至是自己或家人出意外。

很多父母會跟孩子說：「你早一點睡覺，我就不會擔心你了。你功課好一點，我就不會擔心你了。」錯了，等孩子功課好，父母會擔心他沒結婚，等他結婚後，會煩惱他沒生小孩，等生了小孩後，又怕他的小孩不健康。一個憂心忡忡的人，永遠會找到讓自己牽腸掛肚的事情，因為從來不明白心為本、萬物為末，如果沒有直接處理內心慣性負面思考的思維方式，無論如何都快樂不起來。關鍵就在於自己的心先醞釀了事端，跟其他人事物都無關，不要再找代罪羔羊了。

回到甲同學的例子，明明只是彎腰駝背就聯想到坐輪椅，所以我們的心非常有創造力。要時常回來觀察內心，我常說，心不只是對應和處理事情，心根本就會吸引和創造事情，所以請大家一定要改變慣性思維。

很多人一輩子以恐懼作為動力而不自知，例如為什麼要買名牌貨？因為怕被人看不起，趕不上潮流。為什麼要對人和善？因為怕人際關係不好。為什麼要當明理的婆婆或媳婦？是擔心別人說閒話。因此，一定要去覺察生命中有哪些部分是不知不覺活在恐懼裡。

42-2

・以價值完成作為生命的動力

小孩子最清楚恐懼這件事，怕被父母罵、怕功課不好、怕大人生氣、怕家裡窮、怕被看不起。老實說，為什麼人活了一輩子不得解脫？因為我們一直沒有去覺察到底有多少時間是活在恐懼中。

同學會問我：「許醫師，覺察到了之後怎麼辦？」我會說，用創造實相、價值完成作為動力來取代恐懼，告訴自己：「我不是怕被看不起，才要賺這麼多錢，我做這些事是因為我要完成價值，追求夢想，實踐理想，要利己利人利益眾生。」去思考自己能完成什麼生命挑戰、想追求什麼樣的快樂和意義，而不是出於恐懼。

例如我在推廣賽斯心法是出於恐懼嗎？不是。這是我想做的事，不是不得不做，不推廣也不會怎麼樣，沒有人逼我。可是很多人的工作是出於恐懼，非做不可，不是出於內在心靈想要創造和完成的事。生命的價值完成是出於一種遊戲性、創造性、挑戰性，是生命中想去完成的事，有時候是出於一種冒險和一份愛。請開始以價值完成變成生命的動力，一輩子盡責任和義務是錯誤的人生觀。

以我對爸媽為例，我不認為孝順、奉養他們是我的責任義務，而是我的樂趣。我覺得爸媽很可愛，跟他們有著很好的情感交流，我愛他們、他們愛我，我是發自內心希望他們健康快樂。他們的健康是不是我的責任？不是。如果是責任就有痛苦、有壓力，我沒有壓力也沒有責任，所有一切是出於關心，他們健康我就開心、放心。

• 人生若完全以義務、責任為出發點，會很容易生病

若人生是以義務、責任和應該為出發點，就算領了幾個道德獎章，都不會開心，絕對是把自己當作受苦者，這種錯誤的人生觀和生命的動力，就是許多人生病的原因。例如，有的人在事業上打拼，是因為怕被看不起，但有的人純粹是為了興趣，走上自己想走的道路，背後的心態截然不同。

請所有賽斯家族馬上改變心態，不要讓自己陷入盡責任義務及扛壓力的生活，這

樣不會快樂。賽斯說，最健康的心態是每件事都以有趣、好玩為出發點做做看，像我跟一位學員說，我們用賽斯心法來做個護理之家玩玩看，他回答說：「許醫師，這可不是玩的。」他知道唱歌是玩，但不知道做護理之家也可以是玩。

對我來說，讀賽斯書很好玩、有趣，但有個學員跟我說：「許醫師，如果閒下來的時候，我出國旅遊，不看賽斯書可不可以？因為我覺得不看賽斯書，會有罪惡感。」我說：「當然可以，看賽斯書不是一種責任和義務，是要從中得到樂趣和挑戰，這才是動力所在，不過如果出國旅遊的同時，也能聽賽斯書的有聲書就更好了。」

很多人都沒有了悟到生命的本質，他們在內心當中，將什麼是玩、什麼不是玩區隔開來，如果做一件事情是在玩，抱持著有趣、好奇、挑戰、新鮮的心態，就是回到赤子之心。有位學員不確定自己到底有沒有憂鬱症，但是他一定經常告訴自己：「有很多事情是我應該做的，這是我的責任、我對自己的要求，那是別人對我的要求。」如此一來怎麼會不憂鬱呢？一個人彷彿變成了必須達成自我要求和別人要求的機器人，成為框架式思考的執行者。

我爸爸之前也常常跟我開玩笑說：「你就好好當醫生，沒事為什麼要推廣賽斯心法？不做會怎麼樣？」我說：「不做會死，因為那是我的樂趣，就像你的樂趣是釣魚，媽媽也會罵你呀！你不讓我有這個樂趣，我連醫生都不想當了。」

一定要用好玩的心情過日子，抱持樂觀豁達的人生觀，我常跟很多個案說：「你過度嚴肅、入戲太深，把事情看得太嚴重，一顆芝麻看得像一座山，這是一種學習成長的過程，不能一直掉在那個狀態裡。」很多人從小是以恐懼作為動力，怕大人生氣、怕父母不高興、怕老師責備，那些恐懼也許還持續到今天。可是生命到某一個階段要開始轉變，以創造、挑戰、執行的概念為動力，不再只是盡責任和義務。

42-3

• 每個人之所以成為今天的自己，是不斷跟其他人互動的結果

有位學員提到小時候跟媽媽互動的方式，常常必須包裝自己，其實我自己也有這樣的恐懼，很希望父母能滿意、開心、放心，甚至以我為榮。舉例來說，我之所以在新店山上買房子，就是因為爸爸說台北市多半都是公寓，住在公寓好像住在鐵籠子裡，他覺得住透天厝很好，可是台北市中心要買透天厝不容易，我才會到山上去買，希望父母能開心。只是買了之後，他一年只去一次，媽媽也已經兩年沒去住了。

我們每個人內在的潛意識都在討好父母，希望他們不要擔心，所以很多子女只會報喜不報憂，在外的辛酸不會跟家人說，縱使生病了也不敢讓父母知道，像很多癌友就覺得只能把最好的一面呈現給父母看。想讓父母開心、有面子是不是一種壓力？是。如果沒有去做這樣的覺察，那會是內心很深的陰影。

每個人之所以成為今天的自己，都是不斷跟家人、同事、朋友、老師互動的結果。例如一個不容易表達情緒的人，也許是在小時候表達情緒就挨罵，被大人嫌白目，或是工作時只要一說出感覺，馬上就招來攻擊，被長官盯上，於是學會拐彎抹角，不敢顯露出真正的喜怒哀樂，不再說出內在真實的感受，到後來都不認識自己了。

我常常覺得很有趣，人花了前半輩子的時間社會化、改變個性，然後再花後半輩子的時間去學身心靈，找心理師諮商，恢復到原始的自己。不過這個過程確實有其必要，因為得先經歷「見山是山」到「見山不是山」的階段，最後才會回到「見山又是山」。

如果問我爸爸，他一定會認為我是個令人頭痛的孩子。有時候在中正紀念堂演講，我會很白目地述說我媽媽的事，媽媽在台下跳腳，爸爸就跟她說：「那是為了演講的舞台效果，不要太在意。」為什麼我可以這樣？因為我是老么，臉皮又厚，而且我相信不論如何，我都是被愛的。媽媽罵了我之後，雖然感到無奈，但會自己找台階下，說：「沒辦法，誰叫他是念精神科的，孩子今天變這樣，我們也有責任。」

在我成長的過程中，家裡經濟日漸穩定，爸爸的個性也從脾氣不好，慢慢變得越來越好，因此家中四個孩子，我最調皮、白目，但心理最健康，因為我內在建立的安全感比較足夠，即使後來當了醫生、老師，我還是很直接，內在會告訴自己：「不論如何，我都是被愛、被接受的。」

我建議同學可以去看我寫的《愛是你，愛是我》這本書，裡面有許多很珍貴的信念，例如，愛與不愛都是愛，不論人家喜不喜歡你，他都是喜歡你的，家人無論如何都是愛你的，你永遠都在平安中，不會被這個世界拋棄。這是一種永恆的保證，要對自己存在的安全感有信心。

有些人從小生長的家庭氛圍是說話要得體，隨時要防衛自己，導致長大後經常對很多事情無法處之泰然，每個人都要回來看到這個部分，知道自己可以很安全、很自在。

也有些人會因此怪罪原生家庭，我的想法是，一定要先去怪、去承認，先經過見山不是山的階段，怪到覺得夠了為止，可是不能一直怪。像我以前也會怪爸爸為什麼長得不夠高，結果發現原來爸爸不夠高也不是他的錯，是爺爺的錯，這是玩笑話，其實長不高跟爸爸無關，那是靈魂自己的選擇。

42-4

・負面情緒要想辦法釋放，有效的溝通很重要

有同學提到小學六年級的孩子在吃一種情緒的藥物，看到副作用裡有一行字，說這種藥可能引發自殺意念。我的看法很簡單，我不贊成吃藥，如果想給孩子吃藥，就要繼續留意那個副作用。我之前說過，國內的兒童心智科和精神醫學界有個不好的習慣，太容易開藥給大家吃，演變到後來，連情緒問題、注意力不集中、過動都要靠吃藥，走上那條路就要承受可能的副作用，這是必須面對的議題。

賽斯書裡提過，若是涉及身體的疼痛，不反對吃藥，但是任何會影響中樞神經的藥物，賽斯都不鼓勵。對我來說，成人用藥已經是不得已了，兒童、青少年還要走這條路嗎？身為父母的人要深思。

在座有位遲到又很焦慮的同學是大腸癌個案，我今天正好也在跟一位直腸癌個案

做心理治療，我打了一個很有趣的比喻，直腸或大腸的功能是什麼？第一、有些細菌群落可以幫我們合成一些B群之類的維他命；第二、吸收水分；第三、儲存糞便；第四、排泄糞便。如果腸胃道本身不排泄，怎麼吃東西呢？上下兩邊都要通才可以。

以生理功能來說，大腸直腸是負責排泄廢物，但不只是身體要吃、要排、要新陳代謝，心理也要。而大腸癌在身心靈的成因，就是把痛苦、憤怒、不快樂的負面情緒，都放在心裡無法宣洩。舉例來說，有人會買黃金鎖在銀行保險箱，因為黃金很珍貴，可是誰有收藏排泄物放在保險箱的習慣？沒有，既然沒有這種習慣，為什麼要把很多負面能量、委屈、糾結、不愉快一直放在心裡？

也許有人會找一大堆理由，說小時候想訴苦沒有人聽、就算說出來也可能被責備，或是說結婚後配偶很忙、兩人雞同鴨講。不管如何，都要想辦法釋放負面情緒，無法釋放掉的人是自己，不能怪別人不聽。

這裡我要再提醒，溝通以及有效的溝通很重要，很多人說：「許醫師，我沒有不溝通，是我先生不跟我溝通。」「我不是不跟孩子溝通，是孩子拒絕跟我溝通。」我會說：「你除了要溝通，還要有效的溝通。」很多人自以為在溝通，但別人接收到的卻是抱怨、說教、指責。如果從心理治療的角度來說，許多夫妻和親子之間常有很大的誤會，當事人以為自己傳達的是這個意思，對方卻完全不知道。

42-5

・從對方的觀念解釋他的行為，否則永遠無法了解對方

我爸爸講過一個例子，有一天他的外孫下班回到家，拿著飯糰躺在沙發上吃，我爸爸問說：「你怎麼躺在沙發上吃飯糰，為什麼不到餐桌上吃？」外孫說很累，我爸爸就說：「怎麼年紀輕輕就這麼累？」我爸爸的出發點是一種關心或焦慮，擔心孩子年紀不到三十歲，怎麼下班以後身體這麼累，平常是不是要保養身體，或者是承受不了壓力？可是小孩子聽起來像是在指責和碎碎念。

有時候心理師會跟我討論說：「許醫師，我聽個案這樣一講，再聽他的爸媽那樣一講，發現雙方完全是雞同鴨講，從來不曾有效溝通。」很多人的溝通根本不是溝通，都在各說各話，尤其是夫妻之間，共同生活了二、三十年，只是不斷用自己的角度去聽對方說的話。

例如我有位個案的先生外遇了，有一次先生告訴她：「像你們這種好孩子，永遠不懂我們這種想要壞的心情。」先生的語言是：「我只是玩一玩，逢場作戲，我沒有不愛妳。」可是太太一直不原諒他，認為：「你背叛我，不愛我。」我跟她說：「請用妳先生的人生觀來解釋他的人生。」我不是在為先生外遇開脫，只是說人都在用自己的語言說自己的話語，兩個人對同一件事情的解讀完全不同。

大家一定要學會溝通以及有效的溝通，練習從別人的觀念解釋別人的行為，否則永遠會覺得不瞭解自己的父母、配偶、小孩，其實每件事都有一種完美的剖析和解讀，不要老是用自己的方式解讀對方的行為，例如他為什麼這樣對我說話、為什麼要這樣傷害我？對方可能沒有傷人的意思，反而是想提供協助。

我再舉個例子，有一次我二姐跟大家一起吃飯，我就哪壺不開提哪壺，開玩笑說：「妳怎麼沒帶小孩子來？」她就有點要翻臉，可是我的目的是關心，因為我覺察到了她的悲傷。還有一次我帶姐姐到迪士尼樂園玩，二姐正要玩的時候開始掉淚，她想到的是自己出國玩卻沒帶孩子，通常一般人這時候會很體貼，假裝不知道，不過我就很白目，跟她說：「喔，妳這是身為媽媽的自責和罪惡感在作祟，到了迪士尼發現媽媽自己來玩，結果小孩沒來，所以妳在難過。」我的出發點是說出來，面對了、度過了，傷口才會療癒。

由此可知，人與人之間的溝通有時候都不是有效溝通，而父母對孩子的關心常常引發孩子反擊，結果彼此傷害。

42-6

‧身體時時刻刻都在自我療癒

（《健康之道》第三七〇頁倒數第六行）你的身體經常不斷地修補它們自己。很多人以為看醫生吃藥才叫做療癒，其實不對，我說過一個觀念，身體時時刻刻都在自我療癒，這句話相當重要。一旦具有身體時時刻刻都在自我療癒的觀念，身體就加速了時時刻刻都在自我療癒的過程。另外還有一句很重要的話：身體是它自己最好的醫生，請信任身體。

而你的頭腦會思想——全都沒在你正常有意識的注意之下。這也適用於所有那些使得生命變得可能的內在過程上。你的思想是有意識的，但思考的過程本身則否。我們對思考過程能不能做主？能不能覺察自己都是怎麼想事情、怎麼想一個人？有時候我會問幾句更簡單的話：「你是不是很主觀、很固執的人？你能不能經常讓思想維持開放、彈性、活潑？你都是看一個人的優點還是缺點？」請開始覺察自己是如何想事情、如何看待別人，例如會不會過度在乎別人、而且經常是在乎不好的地方？能開始自我覺察就會進步。

在兒童的行為裡，以及在兒童肢體自然的節奏性活動裡，自發性尤其重要。什麼叫做自發性？呼吸是不是自發性？是，只要不去管就會自己發生的都是自發性。我前幾天跟一位個案提到身體健康的要素，第一是空氣，第二是充足的營養以及舒適的溫度。對於身體而言，買一輛國產車或進口車沒有差別，是否擁有一條黃金也沒有差別。

意思是說，很多東西是頭腦的價值觀要的，不是身體要的，一個月賺三萬還是賺十萬對身體沒有差別，因為賺十萬的人不見得比賺三萬的人營養更充分、飲食更均衡。如果從身體的角度來思考，學歷是高或低、事業是否成功、用的是不是名牌包，對身體都一樣。

身體要的是新鮮的空氣、少量多餐、分段睡眠、適度的休息、充分的營養，最重要的是愉快的心情。身體要的是賺三萬過得很快樂，還是賺十萬過得不快樂？應該是前者，所以我要大家去思考：「到底是頭腦要的、還是身體要的？」很多人後來身體健康出問題，那是因為身體在引導他們去問，什麼才是真正重要的。身體不在乎面子，許多世俗的身外之物都是頭腦要的。

42-7

• 自發性代表生命本身的精神，框架越多越會妨礙自發性

（《健康之道》第三七〇頁倒數第四行）這裡賽斯提到自發性很重要，情感也彷彿以一種自發性的方式來來去去。的確沒錯，好像人格的某些自發性部分，遠比我們如此有理由感到驕傲的有意識部分，還要來得有知識。這段話的意思是，要信任內在的自己，不要過度受到頭腦的知識所局限，說不定一個沒有念書的人比擁有很多科學知識的人更健康。

像今天有位學員分享一個觀念：「你想吃的東西或吃了會讓你開心的東西，搞不好就是會帶給你健康的東西。」我不敢說這句話全都是對的，但至少心情是對的。這樣的觀念確實與傳統不同，因為太多人對食物感到恐懼，為了要健康，都在食物方面大做文章，其實一定要從心情來改變。

許多人害怕自發性：因為自發性喚起放肆、過分，及危險的自由。即使不那麼熱烈地反對自發性的人，也往往覺得自發性不知怎地可疑、討厭，也許導向令人蒙羞的行為。可是，自發性代表生命本身的精神，而自發性是活下去的意志，和激發行為、動作及發現的那些衝動的基礎。

賽斯要說的是，一個人越自然，越回歸到內在的本我，就會越健康。如果框架越多，越會妨礙自發性，例如在表達和溝通時，小心翼翼，一下子擔心得罪這個人，一下子又擔心不得體，怕別人聽到會受傷害，或是做每件事情一直瞻前顧後，再三考慮，吃這個東西怕火氣大，吃那個東西又怕太寒涼，這樣活著做什麼？

越自我設限的人越不健康。我以前說過，什麼樣的人容易便祕？便祕的人是下面的部分很緊繃，其實他們上面一定也很緊，口風很緊、過度自我約束的人就會便祕。我媽媽常常罵我講話不知節制，那是因為我知道，人過度自我約束、自我克制會妨礙健康的自發性。健康就像空氣、流水，是宇宙的自然之道。

我們的心跳、血壓、所有的一切都是自動自發，可是請大家看看自己，人生當中有多少部分無法自由自在？例如去上班不能隨便亂穿、不能隨便亂講話、行為也不能隨便，或是在家裡不能發出聲音、講話要特別小心，凡事動輒得咎。請問這樣會健康嗎？不會。

越能自由自在說話和生活的人會越健康，但大多數的人說話要顧慮場合，怕得罪人，有些人則是沒有行動自由，意思不是說他們被關起來，而是一定要幾點回家、幾點做什麼、必須完成什麼事，否則會被罵，根本不能自由自在做自己。

所有的疾病都跟限制有關，比如說五十肩、關節發炎是不是一種限制？腳的關節損壞，走路有沒有受到限制？高血壓的人不能太激動、糖尿病的人血糖高，不能暴飲暴食，全都是限制。這反應出這些人在生病之前，早就已經大量自我設限，而且年紀越大，自我設限越多，不敢嘗試的事也越多。理論上，在台灣餐桌上的食物應該都能吃吧，但很多人有些東西就是不吃。自我設限跟恐懼有關，有些人會說：「這不合乎我的身分。」「我沒試過。」這都是自我設限。要常常問自己：「有多少自我設限？」

42-8

・人每天多半在處理外界的人事物，卻很少回來自我覺察

（《健康之道》第三七一頁第四行）賽斯認為自發性非常重要，很多人認為自發性是放肆、危險、不能控制。以最真實的說法，你的生命是那些自發性過程所提供給你的，如我們在過去提過，人類人格曾一度「較與自己合一」。分裂就是矛盾，例如想辭職又不敢，是不是分裂、矛盾？是。有多少矛盾就表示有多少分裂。

他更平等地照顧到無意識與有意識的經驗，人比較覺察他的夢和所謂的無意識活動。賽斯的意思是，人其實瞭解自己的內心，像我專門在探討內心世界，說實話，人對自己的瞭解有時候真的非常缺乏。你瞭解自己嗎？每天花多少時間去瞭解自己？人每天花大量的時間去處理外界的人事物，卻很少花時間回來看自己的內心和自我覺察。

我常用的方法是問周遭的人怎麼看我，我建議大家也可以如法炮製，但是請記得不要發脾氣，因為這個遊戲玩到最後也許會翻臉。例如有的人問配偶說：「我是什麼樣的人？」如果對方說：「你是無聊的人。」或是「你很自私。」兩人就會吵起來。我在問別人這個問題時，是透過對方的觀點來看我，有時候對方也許會說出我不喜歡聽的話。以下就是我跟我爸爸的對話。

我：「爸爸，請說出你對我的看法，老實說，沒關係。」

爸爸：「我覺得你的自尊心很強，決定的事別人不能改變。像你現在一切的行動有必要嗎？我常說你當醫生就好，有得吃有得穿，不必求名利，不必四處奔波，這樣對你來說很累，我覺得不好。」

我：「你的意思是你和媽媽說的話，我這個當兒子的都沒在聽就對了？」

爸爸：「不是沒在聽，是每個人的觀念不同，我們年紀大的人覺得這樣就很滿足了。」

我：「所以你覺得我很貪心就對了。」

爸爸：「不是貪心，是你想把能力發揮到極致。」

我：「你的意思是我聽不進別人的話，一意孤行就對了？」

這就是一般家庭成員間對話的例子，通常聽到第二句就會翻臉。其實從家人或朋友口中說出來的話，代表了他很真實的感受和意見，例如從我爸爸的角度看出來也沒錯，我的確就是別人說別人的、我做我的。

我鼓勵大家回去做這樣的練習，就能更進一步自我認識、自我覺察，甚至連剛認識的朋友都可以問，例如說：「某某人，你跟我才剛認識不久，要不要憑感覺說說你心中的我？」

有時候我們真的很不容易聽周遭的人如何描述我們，因為當我們看自己時，往往會把自己合理化，一廂情願，根本聽不進別人的描述，但說句老實話，他們描述得都很準，只是我們通常會矢口否認。不信的話，今天回去問配偶或小孩：「你是怎麼看我的？」試著把情緒拿掉，聽他說說看，一定會有重大的收穫。

第43講

43-1

・把心打開去接受和承認周遭的人，不要彼此排斥

上一講提到，我常玩的遊戲是問周遭的人怎麼看我。由於人通常不願意承認自己，尤其是別人眼中的自己，因此一般人都會自我防衛說：「你不瞭解我，你誤解我了。」可是，從對方的角度為出發點，那些看法並沒有錯。大家回去玩這個遊戲，不要玩到鬧離婚。說實話，孩子都很瞭解父母。

如果擔心造成家庭糾紛，可以到我們這裡來問賽斯家族的志工，問說：「要不要講講看，你對我有什麼直覺？你不瞭解我的職業，對我一無所知，隨便說說沒關係。」或許會聽到很有趣的答案。但是有一點要瞭解，有時候對方說的不是你，而是他的投射。別人看你永遠包含兩部分：一個是他感受到的你，一個是他投射出來的自己。比如，先生回到家臉臭臭的，太太就不高興說：「你為什麼對我發脾氣？」先生

很無辜，也不想解釋，其實他不是對太太不高興，而是剛剛被老闆罵，可是太太會覺得他在對太太發脾氣，這就是投射。

我爸爸對我的看法並沒有錯，他的個性裡有一部分比較內向和膽小，雖然他一天到晚跟媽媽吵架，兩人互看不順眼，可是他們的性格互補，爸爸比較內向、思考周密，有時候顧慮太多，會悶在心裡，不敢採取行動，媽媽則是行動派，膽子很大，有時候對環境不敏感，自我感覺良好，天不怕地不怕，不容易回來反思，各有優缺點。像我爸爸就注重人的內心，媽媽覺得人要衣裝，出門要有出門的樣子，爸爸專門打破她的執著，隨便穿雙拖鞋就出門了。他們一輩子都沒有發現彼此的性格互補，因為都沒有承認對方。

請不要去排斥周遭的人，要承認周遭的人，把他跟自己加起來才是完整。夫妻和家庭成員之間也是如此，我想請問同學：「在婚姻關係中，你有沒有承認對方、接受對方？還是經常在自我防衛？」因為人最喜歡玩的遊戲是我對你錯，你不瞭解我，我排斥你、不喜歡你，互相不承認。解決方法很簡單，就是去承認對方，可是承認必須先接受自己，而且要從對方的角度理解對方的行為，接受對方，從對方的角度來看自己，不能永遠只接受別人用我們的角度來看我們。

很多人吵吵鬧鬧一輩子，才發現原來對方就是自己，不接受的根本是自己。周遭每個人都是一面鏡子，把心打開，去接受和承認，不要彼此排斥。經常去問別人：「要不要說說你對我的看法？講講你對我這個人的分析、直覺、感受，在你眼中怎麼看我？」記得不要翻臉，把每一個答案都列進來，而且都承認，然後整合，這樣才會不斷擴大自己，不要排斥和反彈，因為人家會這樣看，一定有他的理由。如此一來，每認識一個新的人，就獲得了一次新的擴展。

43-2

・萬事萬物都來自我們內心的投射

有位甲同學提到跟先生的問題，我的回答是：「親愛的，外面沒有別人。」因為賽斯心法的根本之道是，萬事萬物都來自我們內心的投射。比如，我會反問這位甲同學兩件事：第一、為什麼會遇到這種特質的先生、選擇這個人當先生？第二、每件事情有因必有果，今天的一切都是我們與人互動下來的結果，兩個人結婚二十年，是如何形成今天的互動模式？

我的哥哥見了師曾經打一個比喻，這裡有兩樣東西，一個是麥克風，一個是一本書，兩者之間有一段距離，如果我改變了其中一個東西的位置，是不是就改變了它們之間的距離，也改變了它們的關係？因此，只要改變一個人，就能改變一段關係的互動，用放大鏡看這個世界跟用顯微鏡看到的世界不一樣。

再舉例來說，大家看這個世界彷彿是客觀的，在這位同學的眼中，先生也許很固執、不可改變、大男人主義。但是，沒有客觀的外在現象，我最喜歡打的比喻是，假設有兩位研究黑猩猩社交行為的科學家，第一位怕被黑猩猩攻擊，於是帶著兩把槍進去，第二位帶著兩串香蕉先放到五十公尺外然後走開、再放到三十公尺外然後走開，最後再放到二十公尺外然後走開，慢慢靠近黑猩猩，請問這兩位科學家對於黑猩猩社交行為的研究結果會一樣嗎？不會。

我們常常會說：「對方為什麼是這樣？」卻忘記我們是怎麼看對方、怎麼跟他互動的。比如，郵局裡有一個員工老是擺出晚娘面孔，卻覺得為什麼顧客常常對她不禮貌？因為顧客看到她的臉就想：「我欠妳多少錢？妳是郵局員工，領薪水辦事，可是從沒有對我微笑過。」所以，我們要看到的不是這個世界究竟怎麼一回事，而是我們怎麼看這個世界、怎麼跟這個世界打交道。

• 一個人怎麼看這個世界，就決定了他是住在哪一個世界裡

我們經常落入一個很奇怪的陷阱：「是他先這樣子，我才會這樣，是他造成我這

樣的反應。」把外在的世界當作一個客觀世界，好像與自己無關。可是，每個人所看到的世界就是他眼中的世界，而他所看到的世界為什麼是今天這個樣子？因為那是他跟這個世界互動的結果。比如兩匹馬有著一樣的血統，你養一隻，我養一隻，你用A方法養，我用B方法養，五年後我們養出來的馬會一樣嗎？不一樣。

賽斯心法強調的是我們怎麼看這個世界，怎麼跟別人互動。一個人跟這個世界互動的信念，就會決定他是住在哪一個世界裡，因為那正是這個世界給他的回饋。而一個人跟其他人互動的結果，就來自他跟他們互動的方式。例如我在基金會開會時，甲工作人員說的內容，我的回應都是「沒問題」，可是乙工作人員說的內容，我的回應都是「不行」，同樣的我，為什麼結果不同？因為他們兩人跟我互動的方式不同，所以得到的是跟我互動的結果，他們並沒有真的看到我這個人。

沒有客觀的世界，身體也是一樣，身體就像是我剛才說的那匹馬，上帝很公平，除了先天殘障、先天性明顯的遺傳疾病之外，給了每個人健康的身體。可是三、四十年後，有人很健康，有人得慢性病或癌症，這是每個人跟身體互動的結果，身體完全沒有想害人的意念。

騎車的人都知道，不同的人會騎出不同的摩托車。之前我有一輛摩托車，飆一下就到時速九十公里，後來我很少騎，就給了媽媽。過了一、兩年，有一天我再騎這輛車，油門加到時速五十公里就上不去了，因為媽媽騎車從來沒有超過時速五十公里。假設那輛摩托車我又拿回來騎，飆一飆，也許過一陣子又可以飆到時速八十公里。關鍵在自己身上，外面沒有別人。

43-3

・一旦改變對外在現象的信念，就不會一直受困於其中

同樣在台灣、在這個世界上，有人如魚得水，有人日子很難過。我要再次強調，關鍵在我們自己身上，要去改變跟那個現象打交道的信念，改變的動力絕對不在別人，如果只想藉由別人改變，那麼自己永遠沒有希望。

任何外界的東西都是現象，那個現象或許是身體、是先生、是孩子、是一門生意，也可以是整個世界。每個人遭遇的現象都不一樣，先深入瞭解這個現象，然後改變與這個現象互動的信念及方式。請記得，身體也是個現象，要改變看身體的眼光、態度，及與身體互動的方式。基本上，只要思想一改變，改變了看這個世界的角度，對這個世界採取行動的方向改變，實相隨之跟著改變。

比如，一個先生遇到太太就像一團冰塊，既沒有笑容也面無表情，可是遇到紅粉

知己就有說有笑，開心得要命，這是互動之下的結果。要改變實相，絕對是從自己開始，You create your own reality，不是 You create my reality。

每個人都在遭遇現象，財務、健康、人際關係是現象，所處的社會也是個現象，唯一的改變之道，就是改變對那個現象的信念。經常，我們跟某一個現象互動的方式，都是來自童年的防衛機轉，例如有些人的防衛機轉是從道德論的角度來看自己有沒有做錯、是不是符合道德、別人有沒有符合道德？道德就是他們用來看這個世界、跟這個世界互動的一種獨特方式。就像是一位學務主任或老師看這個世界時，第一個看到的可能是誰違反了什麼規矩，那是每個人看這個世界不同的角度。

請大家去覺察自己跟現象互動的心態及信念、跟現象互動的行為是什麼？那個行為背後的思維又是什麼？如果不去覺察，就會一直受困於外在的現象裡，比如一直賺不到錢、恢復不了健康、改善不了婚姻，或是跟孩子一直無法溝通。

例如很多父母喜歡問心理師：「我的孩子為什麼不跟我說話？是不是討厭我？你可不可以改變我的孩子，讓我的孩子跟我說話？」這叫外歸因。這時心理師會說：「你覺得發生了什麼事，讓孩子不跟你說話？你是如何形成孩子不跟你說話的現象？

我無法改變你的孩子讓他跟你說話，但是我可以幫助你改變自己，讓孩子覺得可以跟你說話了。」

很多父母會告訴我：「許醫師，你幫我叫我的孩子去念書好不好？」「許醫師，你叫我的孩子對我不要那麼兇。」「許醫師，你叫我的孩子跟我說他的心事，以前三歲、五歲的時候都會跟我說，到十五歲就不跟我說了。」為什麼？原因很簡單，孩子到了十五歲，父母還把他當五歲，他不想再聽父母說教。父母要去問：「我是怎麼讓孩子不跟我說話的？」這個問題才有意義。

43-4

・心靈成長最重要的一步，是開始從對方的角度看自己

在前述甲同學的婚姻裡，我不會去改變她先生，可是一定可以改變她，因為改變了她，就能改變夫妻互動的過程及兩人的關係，接著先生就會開始跟著變了。基本上，甲同學都是以她自己的觀點去看先生，我一直教大家要從別人的角度來看我們自己、看看為什麼會這樣感覺、這樣思考，而不是只從自己的角度解釋自己，這是防衛機轉，但不是要把自己的角度放掉。這裡不涉及誰對誰錯，一旦有了應該，就有了誰對誰錯。

所以，要學會從別人的角度來感受我們的言行，從別人的眼光看到他眼中的我是什麼樣子。所有人與人的衝突都是來自各執己見，一有衝突，一定是站在我們的角度維護、解釋自己，這就是自我意識，因為自我意識瞭解自己，有個非常重要的目的

是鞏固自己，我對你錯。比如，甲同學會認為：「我整天在家柴米油鹽醬醋茶，臉色能好到哪裡去？」先生也許會說：「我每天在外面工作賺錢打拼，回家怎麼會有好臉色？」每個人都會有自己的理由，都在自己的角度看對方。

心靈成長最重要的一步是，除了我從我的角度看自己，也開始從對方的角度來看我，而且不解釋、不合理化、不論誰對誰錯，因為一解釋、一合理化、一論誰對誰錯，就變成防衛機轉，防衛機轉一運作，就不可能去看到內在的東西。比如我爸爸罵我，防衛機轉就是：「他為什麼罵我？我又沒有錯。」把防衛機轉拿掉後，才能看到對方的內心世界，我會思考爸爸為什麼罵我？因為他要我做到他沒做到的，他要我走他希望我走的路。實際上他是在氣他自己，他罵我，跟我有什麼關係。很多人的人際關係二、三十年下來，永遠各執一詞，不斷指責和防衛，辯論誰對誰錯，覺得你不改變，我為什麼要改變？

還是要回到 You create your own reality 這句話，比如一個癌症病人跟他的身體，一旦當事人改變對身體的認知、對身體的意念、對身體的能量投射及對身體的很多行動，身體就跟著變，會從有癌症變沒有癌症，不管有沒有開刀、做化療，身體都會好。

賽斯心法是藉由改變我跟現象互動的心態及行為模式，來改變這個現象。就像我前面提過的例子，一群黑猩猩是現象，帶著槍跟帶著兩串香蕉去研究黑猩猩的社交行為，得到的客觀證據絕對不同。這就是「你創造你自己的實相」。

同樣的身體交給我，到四、五十歲還是很可愛活潑，但也有人到四十歲就很蒼老，這是身體本身的問題嗎？還是身體在長期互動下吸收了當事人的擔心、恐懼、焦慮、煩惱的能量？我一直強調互動，沒有客觀獨立的現象，任何的現象絕對跟一個人的心態、與這個現象互動的方式百分之百相關，而且不同的現象本來就會吸引磁場類似的人。由此可知，甲同學要先破解為什麼自己會吸引這段婚姻、為什麼會吸引這個共度了二十年的男人，而人生中這些事件的發生，又跟自己的內在產生什麼關聯？

43-5

‧內在主觀的心境為主，外在客觀的事件為輔

上週我有五天在馬來西亞吉隆坡上課，那裡的學員進步得非常快，因為我跟他們說要做一個很重要的修行：「我所遭遇到的現象或我看到的現象是A，我內在的精神活動、情緒變化、心靈起伏是B。」一個是外在客觀事件、每天遭遇到的一切，一個是內在情緒起伏。外在的事件很多，例如，一個月賺五萬還是五千元、現在健康好或不好、自己有外遇還是先生有外遇？

在吉隆坡有位學員分享一個事件，她認識了一對夫妻，他們之間的互動好像有問題，不知怎地從這位學員傳出某種說法，結果那個先生知道後很生氣。有一天那個先生在一家超市遇到這位學員，在公共場合甩了她兩個耳光，這看起來是一個客觀事件，可是因為這位學員學習過賽斯心法，瞭解「外面沒有別人」及「You create your own reality」，於是，她開始去研究自己這段時間的心理變化。

這位學員是個甜美豐腴的女孩，最近才搬到吉隆坡，那段時間內心有著一些恐懼和不安定的感覺。她認識那對夫妻很久，知道那個先生不太尊重女性，也許會家暴，也許會很白目，覺得「我打我老婆，干你什麼事」？所以，有時候這位學員會想：「難道這個世界要繼續容忍這種人嗎？」她甚至起過一個念頭：「如果不教訓一下這種男人，他是不是覺得所有女人都好欺負？總要有人出面吧！」後來她就出面了。由此可知，她在超市遇到那個先生是意外嗎？不是，是因為潛意識的吸引力之下，在那個時空出現了，能量的導引讓她被打了，接著她採取法律行動要告對方。

我很稱讚這位學員，對於發生在身上看起來客觀的事件，開始去做深度的心理分析，發現其實跟自己內在主觀的心境百分之百相關，而且是內在為主，外在為輔。

回到前面提過的甲同學，對她來說，改變夫妻互動的力量在哪裡？在她身上。我沒有說不能離婚，我是說改變，改變二十年婚姻生活的關鍵在自己。也許甲同學會說：「我先生不改變有什麼用？」我會說：「因為妳過去沒有培養出讓先生改變的智慧和力量，而且妳越要他改變，他越故意。在這裏我會讓你學習變成一個有能力讓先生改變的人，或是把妳改變到連先生不改變都已經影響不了妳。影響不了不是裝作看不到，而是真的雲淡風輕。只要妳內在改變、磁場改變，他自動會改變。」

我之前遇過一個例子，有個太太多年來努力讓自己的心靈成長，內在改變後，結果先生也改變了。就像桌上有個熱杯子，旁邊有沒有熱的能量？有。怎麼可能一個東西改變後，跟周遭的互動不會改變呢？

區分外在事件與內在情緒的修行很重要，沒有學賽斯心法之前，會以為發生在身上的事件自己無能為力、沒有主導權，例如身上要長癌症，能怎麼辦？每次出門就要被搶劫，能怎麼辦？走在路上小鳥就要在身上大便，能怎麼辦？其實發生在我們身上所有原本以為不能改變的事件，都跟內在的情緒狀態、心靈活動、精神起伏息息相關。一般世俗的人是心為境所困，而賽斯心法的解脫和智慧是以心轉境。

43-6

・人的身體是由好多層所組成，我們現在的肉體是第四層

今天早上五點有一隻蚊子咬我，起來追殺蚊子徒勞無功，只好用棉被把自己包住繼續睡到天亮，在這段時間做了一個非常有趣的夢，有點類似電影《全面啟動》（Inception）裡面好幾層夢的概念。

夢中我跟一群人在一個房間裡打牌，玩一玩就半躺在沙發上睡著了，下一幕是走出那個房間，可是走回來時房間裡沒有任何人，正覺得奇怪，這時突然意識到我出體了，我從做夢的身體再出體一次。原來我回來的那個房間不是原本的房間，我睡著的身體是在另一個空間裡同一個次元的房間睡著，而我那時候是從夢的身體又出體一次。我發現自己出體時很開心，四處飛翔、遊戲。

因此，有一個是我睡在床上的身體，一個是我在夢中又睡著的身體，然後再出

體一次的第三個身體在那邊玩。這個夢很有意思，因為靈魂出體可以從夢體再出體一次，賽斯說過，我們的肉體是第四層，肉體下面還有三層，緊貼著肉體的就是所謂的靈體，有些人把它稱為星光體，是身體下面那一層，星光體只能在地球上活動，不能離開地球，要到第二層的身體才能到太陽系裡面，而第一層的身體才能離開太陽系，每一個能量的身體有不同的投射範圍。簡單來說，有點類似一般飛機只能在大氣層中飛行，太空梭能到大氣層外，更好的太空船才能到太陽系外面。其實人的身體是由好多層所組成，我們現在的肉體是第四層，也是在世俗學習和成長使用的工具。

43-7

‧修行是對欲望的瞭解、認識與運用

我們之前提過一個主題是「自發性」，自發性是來自每個人內在的那個自己。我在馬來西亞上課時也說過，每個人內在都有欲望，例如想過富足生活、想買房買車、想吃東西的欲望，還有身體對性的欲望。尤其是學習身心靈的人，怎麼看待內在的欲望、怎麼看待有渴望的自己？傳統的宗教修行否認欲望，能壓抑多少就壓抑多少，其實這種修行方法是錯的，常常會形成精神分裂或身體病痛，因為很多身體病痛都跟某些欲望受到壓制有關。

想要自由是一種欲望，想做自己、自由自在說想說的話是一種欲望，想把工作辭掉也是一種欲望。每個人內心都有各式各樣的欲望，請大家回去寫一篇作文，題目是：「欲望與我」，這項功課很重要。

欲望是一種現象，一個人怎麼看待欲望、怎麼跟欲望打交道，將決定了生命很多歷程。像我個人也習慣壓制欲望，甚至只會把我的欲望引到某一些我所容許的方向上，這麼做不見得是對的。在某些前世，說不定我是個修行得非常好的人，為什麼？因為我可以壓制欲望，例如我對食物沒什麼太多的欲望，可以三天不吃東西不會餓，對購物或是很多世俗的東西都沒有太多的欲望。我相信有部分是被壓制的結果，而不是全然的超越。

我想幫大家建立的信念是，不要把欲望當作壞東西，賽斯說，人天生有愛人和被愛的欲望，也有想利益眾生的欲望。以本質上來說，欲望沒有好壞與善惡之分，欲望就是動力、就是能量、就是好的，這裡的好是超越好壞的好，不是二元對立裡好壞的好。

很多人以為修行就是要壓制欲望，其實修行是對欲望的瞭解、認識與運用。佛陀不是沒有欲望，祂的欲望很大，只是把欲望轉到了精神實相而不是物質實相。可是佛陀在把欲望轉到精神實相之前，已經在物質世界裡充分放大也學習過欲望。如果沒有先看到欲望、放大欲望，沒有跟欲望搏鬥過，甚至滿足欲望之前，就不可能走進內在實相。

在《流浪者之歌》這本書中，提到悉達多太子在成道之前，讓自己的欲望充分釋放，包括對性、對金錢的欲望，而很多人在尚未體會和感受欲望之前，就把它壓下去了。歌星費玉清才剛開始賺錢時，姐姐費貞綾要跟他借錢，他就跟姐姐說：「我現在只是一棵小樹苗，才長了兩片葉子，妳就要把我一片葉子摘掉，叫我怎麼長大？」後來費玉清果然變成一棵大樹，聽說今年過年費玉清買了兩台BMW的車送給哥哥的小孩。

• 脫離輪迴不是沒有欲望，而是物質世界已沒有能滿足欲望的東西

所謂的脫離輪迴不是沒有欲望，而是物質世界已經沒有能滿足欲望的東西了。這句話蘊含著高深的學問，就像魯柏和佛陀在最後一世成道之前，都把欲望發揮、認識、釋放，也成就過，最後才轉到內在實相，因為他們體認到金銀珠寶和健壯的身體都只是偽裝實相，物質世界再也滿足不了欲望。就像小學畢業了，還會繼續留在小學嗎？不會，除非是卡通人物櫻桃小丸子，二十年來一直是小學三年級學生，從來沒有升上四年級。

如果我們叫一個大學生去念小學生的教材，念到一半他會說：「這怎麼滿足得了我？」這就是脫離輪迴的意思。因此，脫離輪迴不是壓制物質欲望，而是欲望已經擴大，物質的東西對他來說不再有吸引力。就像對我來說，物質的東西現在可能沒有那麼大的吸引力，但不是說我不能用好的物質、不能開好車，不要誤會，而是那些東西我覺得有也不錯，沒有也沒差，這叫不執著，卻不是酸葡萄。我真正的學習和修行不是以追求那些東西為主，那些東西只是順便得到，我主要發展的是心靈內在的能量，心靈的愛、智慧、慈悲、創造力、神通。

（《健康之道》第三七一頁第一行）從欲望再切入自發性，因為自發性跟人內在的欲望有相當大的關聯。賽斯說許多人害怕自發性，以為自發性會喚起放肆、過分，及危險的自由，或是令人可疑、討厭，也許導向令人蒙羞的行為。可是，自發性代表生命本身的精神，也代表了活下去的意志，和激發行為、動作及發現的那些衝動的基礎。自發性是生命的原動力，比如，在座的同學有沒有誰是複製人？沒有，大家的基因沒有被科學家更改過，這就是自發性。誰規定地球繞太陽轉的？這也是自發性，自發性就是宇宙運行的真理。

43-8

・不要太快刪掉來自內心的衝動

（《健康之道》第三七一頁第七行）只不過因為文明人多少過分強調運用一種知識來超越另一種。我們現在的文明是由自我意識所建構，像醫學、科學等很多學科都是自我意識的產物，因為目前人類最會使用的是自我意識，而不是潛意識或無意識。大多數人類活在自我意識的運作當中，最常使用的是邏輯推理，而不使用神性和佛性，以及直覺和第六感。

運用一種知識來超越另一種，使得人們害怕自己無意識的、自發的部分，人不再信任內心的自己。比如，某甲有一天心血來潮，來自內心的自發性想做小生意，但他的反應可能是：「有本錢嗎？時機到了嗎？虧錢怎麼辦？會不會成為別人的笑柄？」——對於一個莫名其妙的衝動，大家通常會怎麼看待？有一種人是認真對待，想辦法付諸實現；另一種人是想一想就放棄了，做一做可能最後不了了之。我是屬於前者。

舉例來說，我最近有個很深的感觸，在我的門診有些慢性精神病患者，他們要走身心靈治療不容易。首先，家長要同步學習身心靈的概念，其次，患者停用抗精神病藥物會導致很多疾病復發，例如會出現幻聽，正向症狀和負向症狀也會出現，整體感覺起來像是退步了。

後來我有一個衝動：「我總有一天要做賽斯精神病療養中心，不管是基金會做，還是私人或集資，無論如何，我一定會做。」面對這種來自內心的自發性和衝動，我通常會以神聖的心情告訴自己：「哇，上天又給我天命了！我生命又有了方向。」人生有夢，逐夢踏實，我不會去想行得通或行不通，而是去想怎麼樣讓它行得通，因為來自內心愛的衝動是利己利人利益眾生。

請大家稍微笨一點，不要太快把來自內心的衝動刪掉，不必管能力、時間夠不夠，也不要管是否符合現實、別人會不會同意。我的某一個自己非常固執，例如我推廣賽斯心法很固執，即使天崩地裂、世界末日都要推廣，這就是我的意念。但我不是說同學必須這樣，而是每個人都有來自內在的自發性，用什麼心態看待自發性非常重要。

很多人問說：「內我給的衝動可以相信嗎？」我說當然可以，因為自發性就是天命，也是靈魂要引導我們的方向，即使看起來不一定對，但本質上一定對，只是要用後天的智慧去調整，因地制宜。就像之前有個笑話說，某個人帶外國朋友來台灣玩，後來買了甘蔗送給朋友，第二天問說台灣的甘蔗好不好吃？朋友說：「很好吃、很甜，但是比較難吞。」內我給的衝動可能是香蕉，但請不要連香蕉皮一起吃下去，不然就會變成很好吃、不好吞，然後告訴我：「對不起，許醫師，內我不值得信任。」

43-9

・自發性對於促進良好健康非常重要

（《健康之道》第三七一頁第七行）人們害怕自己無意識的、自發的部分，那恐懼本身就引起他們堵住更多又更多的無意識知識。一旦害怕自己的內心、害怕內在的自發性，光是這種恐懼就堵住了我們內在更多的無意識知識。

既然自發性的部分與身體活動是如此相關，他們在促進良好健康上非常重要。

胃分泌胃酸、心臟每分鐘跳八十下，是自發性還是我們控制的？血流、骨頭、大腸小腸、自律神經等，所有的生理現象都是自發性的，我們全身上下的細胞都跟著自發性走。可是如果人格失去自發性，身體怎麼會健康？只要讓人格恢復自發性，身體就會自發的恢復健康，因為人格的自發性跟身體的自發性百分之百密切相關。

人格為什麼會失去自發性？有的人是從小聽到爸媽說：「你不行，你做不到。」

這時人格就會失去自發性，有的人是覺得自己學歷不足、能力不足，遇到困難就放棄。失去了自發性，身體一定不會健康，像我之前不是有痛風性關節炎嗎？我的自發性當然也出了問題，因為我內在有一個想過好日子、想偷懶的自己，想去休息泡溫泉、看夕陽，可是我用意志力逼自己東奔西跑，每天從早忙到晚，導致自發性受阻。

仔細思考，每個疾病背後一定有一個負面情緒，有一個自發性受阻的過程，於是生理上組織、細胞、內分泌或神經就會開始受阻。既然自發性的部分與身體活動是如此相關，例如呼吸是不是自發的？是，要不然睡著了怎麼呼吸？大便是不是自發性？是，便祕就是自發性受到妨礙。吃東西是不是自發性？是，肚子餓了就想吃，而厭食症、暴食症都是自發性受阻。天氣冷了，人會自發的想穿厚一點，天氣熱就不會穿羽絨衣。

我說個笑話，馬來西亞全年都是夏天，氣溫大約攝氏三十度，低一點是二十七、八度，可是我上週去馬來西亞，他們竟然在賣秋冬裝，還賣得很好，我說：「你們不是全年夏天嗎？」他們說有些度假勝地地勢比較高，有時候只有十幾度，買那些冬裝專門去度假用。而且馬來西亞很多室內場合冷氣都開得很冷，然後大家穿秋冬裝。可見人都有某種需求，就算全年夏天還是要買秋冬裝，這就是欲望。

自發性的部分與身體活動是如此相關，在促進良好健康上非常重要，我們常常用意志力或框架壓制自己的自發性。而當人們感覺與他們自發的自己分離時，到同樣程度，他們也覺得跟自己的身體分開了。身體等於自發性，如果跟自發的自己分開，會感覺到身心分離。賽斯說過，那些過度鍛鍊身體的人，不是指我們一般的運動，而是每天劇烈運動四、五個小時的那一種，其實是想控制自己的自發性。

身體等於自發性，如果分離，就表示這個人的身心也分離了。比如在我的生活裡，沒有容許太多的自發性，頂多就是空出一整天、一個假日，想做什麼就做什麼，我把時間都安排好了，沒有自發性。雖然那些行程原本也是來自於我的自發性，可是久了就變成固定行程，所以我的問題在於必須容許自己有一些空閒，有時候只講一些言不及義的廢話，很無聊但很開心。

請體會自發性的自己，但自發性的意思不是這個月信用卡先刷個二十萬再說，自發性是自己要去揣摩，不是過度膨脹，也不是過度壓抑，這是學習的過程。很多人擔心自發性會失控，我會反問說：「你會不會擔心一個人一直吃，然後把自己撐死？」

不會。吃是個欲望，肚子餓是欲望，以正常的大自然定律來說，吃飽了頂多再塞一個甜點，頂多再喝個甜湯，或是有一、兩次吃到吐，下次就不會重蹈覆轍。很多人過去對心靈、欲望及自發性有太多誤解，以為欲望是無底洞，一旦起個頭，就會永無止境不斷墮落，其實人的欲望最後會找出自己最有智慧、最合理的道路，連古人都很慈悲，說地獄只有十八層，意思是至少還有個底。

第44講

44-1

• 拼命控制自己及環境，是為了對抗內心自發的原始衝動

（《健康之道》第三七一頁倒數第六行）這種人變得害怕自由、抉擇和改變本身。一般人對於害怕自由可能不太有感覺，但是人到了一定的年紀會害怕選擇和改變，我們有位六十歲的學員要去報考心理研究所，不管考不考得上，考進去之後念不念得完，這都是改變。

我常常說，不變至少知道是現狀，改變了不知道會怎麼樣。我記得有個學生是台商，他說：「不改變一定會死，改變至少還有可能活，或是慢一點死。」即使如此，有時候縱使我們知道不改變也會死，依舊出於恐懼而不去改變。

學習身心靈之後，第一個要面對的是：「有沒有害怕改變？」尤其是當那個改變越不貼近原來生命的慣性，就會越恐懼，甚至還會去蒐集很多資料，例如某些人改變

之後是怎麼死的，以阻止自己改變。可是賽斯說，那些害怕自由、害怕抉擇、害怕改變的人，其實都是對自己的自發性開始疏離。

他們拼命想要控制自己及環境，掌控自己也掌控別人，不容許自己做自己，也不容許別人做他自己，對自己和別人都有很多的「應該」，用某些東西框架自己及別人，認為只有在框架裡才安全。

對抗一大團似乎從內心來的、猖獗的、自發的原始衝動，及一個無心的、混亂的、古老的自然力量。賽斯的每句話都要去咀嚼，一句話就足以改變各位的一生，一本書可以改變好幾輩子。這些人想要控制自己、別人及環境。像我前天在新店上課說，所有愛你、想控制你的人，都有一個很好的理由，叫「為你好」，他們會說：「我是為你好，你年輕不懂事。」「我是為你好，你現在以為讀戲劇系很風光，但是沒有用，還是去讀會計系吧！」好多人都打著「為你好」的口號，大家要理解這句話背後的出發點。

在物質世界裡，這種行為往往導致強迫性行動。例如那些強迫症或是具有強迫性的人格，又叫樣板人格，這類人很謹慎小心，做每件事都要遵循某種樣板，不能逾越，例如嚴格規定一定要先喝湯才能吃飯，書籍的排列要由高到低，不能有一本書離開這個曲線，家裡每樣擺飾都不能弄亂，每件事要井井有條，這些就是樣板行為。

樣板式的精神和身體活動，及帶著強烈壓抑色彩的其他情況。在此，任何表達幾乎都變成了禁忌，因為要維持某種框架或樣板。意識心必須盡可能控制所有的行為，比如說，在超市裡規定自己只能買最便宜的、過期的或特價的商品，其他都不能買，可是其實不是不想買，也不是買不起，而是對自己有很多的規定，但規定久了，已經不知道是自己規定的了。

因為這樣的人感覺到，只有僵化的、邏輯的思維才夠強，而足以抑制如此強烈的衝動力量。因為內在有這麼強的衝動，就會演變出更多儀式化的行為，才能壓制住自己。

44-2

• 認識存在的獨特性，是「做自己」的第一堂課

我相信很多人，尤其是罹患癌症或乳癌的人，可能從來沒有真的發現自己與別人不同，而且沒有發現每個人都可以不一樣。因為我們從小到大的教育，是要把所有人變成一樣好、一樣完美，我們在成為一個標準、一個角色、一個自己期待自己要成為的樣子，或別人期待我們成為的樣子。

這裡有個很大的領悟是：每個人都可以跟別人不一樣，那個跟別人不一樣的你，也許才真的是你。如果一直想跟別人一樣或是要做的比別人好，請問這個「比別人好」是用什麼標準來判定？是自己的標準，還是一個共通的比較標準呢？那些想做的比別人好的人，已經失去了獨特性，而我們一直在講的獨特性，是指每個人都可以不一樣。

我們華人受的教育，很少真的讓人認識自己的獨特性。老實告訴大家，每個人都可以跟別人不一樣，甚至我還可以有點霸道的說：「你必須跟別人不一樣，因為如果你都跟別人一樣，那麼要你做什麼？你只不過是一個複製品而已。」

回到我們對孩子的教育，我們是不是都要孩子跟別人一樣、要他們比別人好，卻沒有要孩子找到自己、發現自己的獨特性，發現他可以與別人不同？因此，認識存在的獨特性，應該是「做自己」的第一堂課，否則這時的「做自己」又會落入了一個比較標準，一個不是由自己定的遊戲規則。一個自卑的人只會想跟別人一樣，很難找到獨特性，永遠活在標準和框架中。

請大家想一想：「我容許自己跟別人不一樣嗎？我容許孩子跟別人不一樣、有自己的獨特性嗎？」以我為例，我突然有點明白為什麼會來教大家這些身心靈觀念，因為我從小比較難做到的是跟別人一樣，從國中到高中，就覺得一定得走自己的路，如果我跟別人一樣了，再怎麼傑出那都不是我，我存在的意義就在於我的獨特性。

後來我整個人生道路真的與眾不同。所以，在《身心靈健康的10堂必修課》這本書中，我鼓勵所有青少年要走上宇宙和生命安排的獨特道路。請大家從內心深處告訴訴自己：「我跟別人不一樣，我的人生跟別人不一樣，一定得走一條跟別人不一樣的路才會成功。」但不是為了跟別人不一樣才走那條路，而是因為當你是你自己的時候，必然跟別人不一樣，那個不一樣可以是異中求同或同中求異。

再舉例來說，最近幾年景氣很不好，很多出版業都經營不善，我為什麼在這個時機成立賽斯文化呢？我常說：「別人是別人，我是我。」大家對於自己在宇宙中獨特的角色必須非常確定，很多人從小到大很害怕跟別人不一樣，把自己的獨特性壓抑下去而失落了自己，想要跟別人一樣，去做到一個完美的標準、去跟別人比較，或達到別人加諸在自己身上的期望。

我要鼓勵大家，勇於與眾不同，只要不違背賽斯心法的戒律就好。戒律很簡單：不要有意地侵犯別人的肉體和心靈。

44-3

・每個人都要闖出屬於自己的人生道路

我記得從小父母最常跟我說的一句話是：「你怎麼什麼事情都跟別人不一樣？」我說：「對啊！我就是跟別人不一樣。」我跟大家分享過走賽斯心法這條路的過程，讀醫學系時全班一百六十幾個人，大二解剖課時大家都在看骨頭、背骨頭，我雖然也在背，但背著背著就拿著骨頭開始做感覺基調。

請大家鼓勵自己、孩子和配偶說：「你可以不一樣。」一旦找到了那個不一樣，才真的能夠是你自己，而當你是你自己時，一切萬有就太高興了，為什麼？因為一切萬有會說：「你終於找到自己了，不負宇宙創造你獨特的目的。」每個人的人生都可以跟別人不一樣，不是別人過這樣的人生，你就必須過這樣的人生，不是別人覺得錢應該這樣花、事業應該這樣做，你就必須依樣畫葫蘆。一定要找出自己的獨特性，然後在異中求同，不是在求同的過程中反而失落了個人的獨特性。

「每個人都要闖出屬於自己的人生道路」，這句話正好因應現在這個時代，未來的時代如果不走這條路，會走不下去。未來的世界越來越充滿不確定性，此時一定要走自己的路才走得下去，因為宇宙創造萬物，本來就是要讓每個人與眾不同，走上自己的路，唯有發現自己的獨特性，才會得到宇宙百分之百能量的支持。

可是大多數的人都覺得跟著別人、跟著潮流及時事比較安全，真的安全了嗎？當初大家一窩蜂去買基金，結果很多跟風的人都陣亡了。像有位個案說：「許醫師，我去年做業務員收入不錯，賺了五百萬，但股票基金也虧了五百萬。」

我知道賽斯家族都是一群怪咖，也就是，「你們走你們的路，我只想走我想走的路」，這在以前會是怪咖，但是未來會是正常咖。從今天起，請大家開始走自己人生的路，認識自己存在的獨特價值，但不是一人一把號，各吹各的調，而是異中求同，去找到交集、連結及支持。

・跟隨內心的聲音，找到自己的獨特性和價值，未來才有出路

很多人以為跟別人一樣比較容易，做自己很辛苦，但是將來會發現更辛苦的是沒有找到自己、做自己、愛自己。我說過，每個人都是用不同的材料做的，有的人是蠶絲，有的人是羽毛、棉布或化學纖維，既然是不同的材料，怎麼可能用符合社會的標準去做自己、又怎麼可能藉由追求完美的標準而成為自己呢？如果一味地追隨別人，不敢跟別人不同，到最後就是四個字，「死路一條」。在過去，跟別人不同的人會無路可走，但時代變了，這是新時代，未來的時代是跟別人一樣反而會活不下去。

我希望給大家很深的震撼，希望每個人都因為這個觀念而開悟。請傾聽自己內心獨特的聲音，唯有跟隨內心獨特的聲音，找到自己的獨特性和價值，未來才有出路。

我從以前就是怪咖，但是看起來也很正常。我在市立療養院時，同一梯的精神科住院醫師有四大怪，我位居四大怪之首。說實話，大家覺得我天生真的想跟別人不一樣嗎？並不是，人天生都希望跟別人一樣，可是內心深處會想走自己的路，找到自己的獨特性。

在我們的教育裡，真的很少鼓勵每個人跟別人不同，老師校長都不鼓勵，因為他

們不懂，只想讓每個人變得正常，跟別人一樣，落在正常範圍內，而離開正常範圍就叫特殊兒童。我鼓勵大家不要害怕跟別人不同，開始做別人眼中的怪咖，但不是要傷害任何人，而是成了怪咖後，走自己要走的路。

賽斯說過：「當你愛自己、肯定自己、做自己、走你要走的路，宇宙絕對不會辜負你。」不但如此，還會發現這是利己利人利益眾生，我就是最好的例子。不管在走賽斯心法這條路上，或是後來成立基金會、醫學學會，我最常聽到的一句話是：「許醫師，你可不可以跟人家一樣？」我說：「我努力啦！」可是我的生命經驗到目前為止，都是因為跟別人不一樣才能成功。

44-4

‧一旦回到自己的獨特性，就擁有了全宇宙最強大的力量

人類靈魂兩千年一次的大波動和功課即將來臨，而未來的時代，跟別人一樣、符合世俗、追求完美的做法會行不通，反而是那些傾聽並跟隨內在衝動的人會成功，安身立命，創造出想要的實相。

全世界每個人都不一樣，也都可以不一樣，縱使要去達到別人想完成的事情，都可以採取不一樣的方式。例如，老闆要我做一件事，一定得用某種標準方式嗎？不見得，自己個人的特色一定要在裡面。

以前只鼓勵大家要正常，不鼓勵展現個人特色。現在我希望各位開始鼓勵家中每個人發展個人特色，否則就算模仿別人模仿得再好，那都不是你。一旦找到個人特色，就找到了創造力，以這種方式去創業、求職或是工作，都會創造出很好的實相。

我一輩子不按牌理出牌，比如要成立賽斯文化時，就有人跟我說：「你要喝牛奶，何必自己養一頭牛。」可是我的牛生產的乳汁有特色，不含三聚氰氨，有了賽斯文化，就可以完成我的理想，可以出版市場上不會賣或不想賣的賽斯書，包括賽斯早期課、私人課。

我藉由找到特色和獨特性，一直在走一條路，既可以完成理想，利己利人利益社會，又可以順便賺錢，將這三者結合在一起，而這是我的理想，不是社會標準的理想。

什麼是「我能做而且做得很好的事」？一件事情如果別人也能做，那就讓別人去做好了。我以前也想過要當很好的外科醫師，憑著我個性的快狠準，大概沒問題。可是這件事別人能不能做到？可以。多一個我當外科醫師沒有太大的差別，但如果我是一個推廣賽斯心法的醫師，這件事全世界目前只有我能做，而將來會有更多的醫生能做，我需要擔心嗎？不需要。我就讓給他們去做外科醫師，我去做只有我能做的，這叫做藍海策略。

很多人常說，現在的小孩子不用功，社會競爭激烈，公司都在裁員。但我這輩子沒感受到真正的競爭，只是走自己獨特的道路，從來沒有跟任何人競爭什麼，也沒有誰真正跟我競爭什麼，我走的是「做我自己」的道路，別人也只能做他自己，各擅勝場，這就是愛的互助合作。

我只要求大家試試看，花個兩、三年時間，敢與眾不同，傾聽內心的聲音，走自己獨特的道路。我這輩子都是如此，像我上次到馬來西亞演講，工作坊的場地是《星洲日報》地下室禮堂，後來我聽吉隆坡推廣中心主任說：「許醫師，你是《星洲日報》開報館以來，免費提供場地、辦收費工作坊的第一個人。」我們跟中正紀念堂的合作方式也是頭一遭，從來沒有一個講師讓中正紀念堂演講廳因為人數太多而整修。

告訴自己、父母及小孩，一旦回到自己的獨特性，就擁有了全宇宙最強大的力量，因為這是未來世界最好的方法，試著在這一點上開悟。

44-5

‧每個人的生命都要轉型，盡可能發揮自己的獨特性

現在這個社會人心惶惶，各行各業對未來不知所措，許多父母對自己和孩子的未來很焦慮恐慌，處於生命的一種轉型期。在這個期間有個很重要的人生功課和智慧，如果找到了，就可以逆勢上揚，那個功課就是一定要認識到自己跟任何人都不一樣，了解自己的獨特性，跟隨著內心的靈感、直覺、衝動及赤子之心。

不要害怕與眾不同，大家以前會很害怕與眾不同，害怕做得不好，比別人差勁。我們找到的福音是：每個人既可以完成自己的獨特性，又能得到宇宙力量全部的支持。宇宙的力量和智慧不會放棄、辜負我們，但前提是要找到自己、做自己，完成自己獨特的人生價值，去做、去認識自己的生命很棒的地方。

我們有位同學分享說，看到基督教的某個傳教節目裡提到神蹟，就是有些人想請

牧師回答問題，但還沒開口，牧師就回答了，彷彿牧師那天講的正是他們最需要的內容。那個同學開玩笑說：「許醫師的每堂課不都是這樣嗎？」原來這叫做神蹟，這個神蹟在我們賽斯家族不是每天都在發生嗎？

你們都是實習神明，而且每位實習神明彼此也都不一樣。以自己的特色、獨特性，去做原來的工作也好、創業也好，或是過日子，都會做得很好，會覺得真的完全不可同日而語。大家不要只是聽我講，而是要立刻開始採取行動，因為去做了，才會得到正面的鼓勵和支援。整個人類的世界在轉型，每個人的生命也在轉型，我的建議是要轉到剛才說的方向：發揮獨特性。

44-6

• 害怕自由和改變，可能會導致強迫行為

（《健康之道》第三七一頁倒數第六行）這種人害怕自由、抉擇和改變本身，他們拼命想要控制自己及環境，對抗一大團似乎從內心來的、猖獗的、自發的原始衝動，及一個無心的、混亂的、古老的自然力量。他們拼命想要掌握住自己，認為從內心來的很多衝動都是雜亂無章、原始的、猖獗的、混亂的，是潛意識的一種亂七八糟，害怕自由、抉擇和改變。

這樣的人在日常生活中，可能會變得強迫性行動，比如樣板式的精神和身體活動，及帶著強烈壓抑色彩的其他情況。在此，任何表達幾乎都變成了禁忌，意識心必須盡可能控制所有的行為，因為這樣的一個人感覺到，只有僵化的、邏輯的思維才夠強，而足以抑制如此強烈的衝動力量。

意思是，很多人都害怕失控、害怕表達，他們會為自己製造出框架式及樣板式的行為標準。比如，一個有強迫洗手的人會擔心萬一手沒有洗乾淨，有一隻細菌讓他生病怎麼辦。前幾天我聽到一個阿嬤教孫女說：「妳趕快把手洗乾淨，不然有細菌會生病。」這是正確的信念嗎？不是，我當場教那個阿嬤換個說法：「小朋友，把手洗乾淨是好的，但是如果有細菌，妳的身體也不怕。」

不要給孩子「到處都有細菌，有細菌會生病」的觀念，而是告訴孩子：「洗手是好習慣，就算有細菌也不會生病」。現在很多小學老師、健康教育老師都教學生說：「小朋友，手要洗乾淨，不然有腸病毒，腸病毒會讓你生病，生病會死掉喔！」如果有個小朋友上禮拜看到阿公死掉，這下子慘了，每天晚上必須洗手洗半個小時，如果問他為什麼洗手？他會說：「我不要死掉。」很多小朋友是大人說什麼，他們就相信什麼，後來一長大看到左右鄰居生病了，就趕快洗手，因為不洗手會死掉。

可是我們小時候，甚至菜掉在地上還會撿起來吃，糖果掉地上，灰塵吹一吹也吃進去，現在的孩子不敢這樣做，但是他們的免疫力有比較好嗎？我當然不是鼓勵家裡的小朋友要吃掉在地上的食物，來增加免疫力讓自己健康，而是現在負面的信念太強了，不要說是在掉地上了，連掉在餐桌上大人都不給小朋友吃了，因為有細菌吃進去會死掉。比較開明的老師會說肚子痛痛，但這些都是負面暗示。

我們賽斯家族當然不要不乾不淨隨便亂吃，但是不乾不淨吃了也會沒病，身體會抵抗地球上任何的病毒與細菌。這個觀念雖然跟全世界醫生說的不一樣，我還是要常常說。我要告訴大家，不要以為我今天講出這句話很容易，當年我當住院醫師的時候多麼害怕，因為成為一個跟全世界的醫生都不一樣的醫生，會不會怕？會。我真的也不知道當時哪裡來的勇氣，等拿到醫師證書時，我心裡有個很荒謬的念頭：「我終於拿到了，你們再也奪不走了，再也沒有人阻止我當醫生了。」而今天我竟然可以在很多公開場合說這句話，這種感覺還真不錯，因為這真的對人類有幫助。

剛才的那個暗示是：手洗乾淨很好、飯前及上完廁所要洗手，但是有細菌沒關係，身體有抵抗地球任何病毒與細菌的能力。把這樣的思想傳播出去，會利益這個世界。所以這裡賽斯提到，那種不信任宇宙、不信任生命的人，永遠在找一個標準，永遠不信任自己內在的聲音。

44-7

‧跟隨內在利他性的衝動，不需刻意控制自己的思想

（《健康之道》第三七二頁第一行）這些態度可能反映在相當簡單的強迫行為裡：不論需不需要，無止境地清掃房間的女人；追隨某種精確、固定生活路線的男人——只開某些路線去上班；比其他人洗手洗得多得多；不斷給襯衫或背心扣扣子及解扣子。許多這種簡單的行為顯示一種極度需要對自己及環境獲得控制，所導致的樣板行為。認為必須控制自己、控制時間，甚至控制思想。

昨天有位個案從宜蘭來看我，目前卡在強迫思想裡，他說：「許醫師，我的思想裡面有撒旦。」我說：「什麼撒旦？」他說會有一些不好的念頭，比如說，看到美女會想說她的身材不知道多好，就開始遐想，他說這是撒旦。他一直要讓自己不得有邪淫、非法、不正確的念頭，因為他要成佛。

我說：「如果這是撒旦，那麼全世界的男人都是撒旦。思想無罪，任何暴力、色情的思想都沒有罪，你可以看到一個美女，想像她沒穿衣服多麼漂亮，可是不要衝上去把人家衣服脫掉。」他每天在跟撒旦鬥爭，想控制思想，達到真善美的境界，我說再控制下去就是精神分裂症了。思想沒有罪，賽斯的戒律是不得蓄意傷害別人的心靈和身體。

一個人有可能去追求和控制自己的思想嗎？思想何止千萬，怎麼可能控制。我只能說，盡量讓自己專注在正面的思想，可是偶爾會不會有負面、嫉妒、打人的思想？會。有些父母常常告訴我，完全不讓孩子看電視，因為電視上有太多暴力的鏡頭，我就會跟他們說：「如果我有小孩，完全不會禁止，我會告訴孩子這個世界有兩種人，一種是好人，一種是做壞事的好人。而地球的暴力是人類在學習的過程，因為人類是完美中的不完美。」讓孩子明白暴力是人類學習的過程而已，不會讓他恐懼暴力。

可是現在有沒有很多父母不斷擔心孩子被朋友帶壞？有。如果這樣乾脆把孩子關在籠子裡，真的有父母不讓孩子上學，是因為擔心孩子變壞，但這樣是不對的。要信任孩子，發自內心覺得孩子沒問題，甚至要認為就算自己的孩子遇到壞小孩，也會讓對方慢慢變好。

一個想嚴格控制、不斷掌握每個細節的人，最後會變成強迫症。這部分很符合道家思想，所以我有時候不願意太控制自己，會跟隨內心的某些衝動去做事，當然是在合理的範圍內，不會亂來。例如，一個人本來要直接回家，可是剛好一個念頭起來，想繞到某個朋友家去看看，或者到某間小酒吧喝酒，或許剛好就在那裡遇到一位老同事，提供很好的工作機會，而且正好自己也想跳槽。

所有這些都是宇宙的能量在導引，但是如果把生活規劃得中規中矩，三點、五點、七點、八點要做什麼，一板一眼，那麼宇宙要怎麼幫忙、如何引導？有時候真的要跟隨內在利他性的衝動、愛的衝動，Just do it. 不要只用邏輯，比如說想去看朋友，不要想太多，大不了對方在吃飯，打擾一下，又沒什麼錯，去做了，說不定這輩子會有意想不到的效果。

生命真的會有個智慧透過內在導引我們，但是得先打破原來的框架式思想，不要認為：「這個時候一定要怎麼樣，沒有事先安排我不要。」如果把生命規劃得死板板，會錯失宇宙引導的大量智慧。

44-8

・嚴格規定自己的人，反而會出現脫序行為或上癮症狀

（《健康之道》第三七二頁第八行）任何過分的行為都可能進來，包括吸煙過度、飲食過度，以及飲酒過度，因為會補償。比如，暴食症的人是縱容自己暴食嗎？不是，他反而是很嚴格規定自己的人；酗酒的人都是自制力很差的人嗎？不對，就是因為平常自制力太好了，過度控制自己的行為，才必須透過酗酒來釋放。大家是否稍微體會到宇宙太極的原理了。就像父母管得越嚴，孩子有時候越容易出現說謊、偏差行為，因此有時候對生命信任的態度反而更重要。

有些人可能很難相信，自發性是該被信任的，因為他們可能只覺察破壞性或暴力的衝動感覺。自發地表達衝動的概念，在那種情況下，將是最令人恐怖的。我常常讓周遭的人很受不了的一點是，「許醫師的衝動怎麼那麼多」。還記得我的外號叫梅花

鹿，因為我是「點子王」，真的會累死一票人。可是有時候我的這些點子和衝動，也正是打開一條出路最好的方法。

很多人很難相信自發性，所謂自發性就是，下了班突然很想到小時候的那家書局，因為曾經在那裡度過很多時光。甚至講得更誇張一點，如果很不想上班，只要今天請假沒有被老闆炒魷魚的危機，就請假跑去一、二十年沒有去的那間書局，也許有一本書、有一個人在等著，也許那裡什麼都沒有，但是卻獲得了一個靈感。

自發就是突然有個念頭、想法，內心想要這麼做，覺得好像有一股內在的動力在引導。大家有沒有發現賽斯家族的修行方法跟其他人不一樣？別人的修行是戒律、框架、「不可以」越來越多，而賽斯家族是「可以」越來越多，甚至還不知道為什麼可以，只是當時就是想去做，當然還是要評估一下，不要傷害自己、傷害別人，也不要一時魯莽去發生一夜情，這我不鼓勵，可是如果做好防護措施，我也不能說一定不行，每個人終究要為自己負責。按照我剛才給各位的引導，試著做做看，人生真的會完全不一樣。

44-9

・不要害怕愛的表達或依賴的需要

（《健康之道》第三七二頁第九行）那些破壞性或暴力的衝動感覺，事實上，所涉及的人們在壓抑的、並非暴力的衝動，卻是自然的、愛意的衝動，他們害怕愛的表達或依賴的需要，只會給他們帶來責備或懲罰。很多人壓抑衝動，以為那些是暴力、是破壞，其實那個破壞或暴力的衝動背後是自然的、愛意的衝動，是一個利他的、愛的衝動。

很多人害怕愛的表達或依賴的需求，因為怕給自己帶來責備、懲罰、被拒絕或難堪。我最近在輔導一位乳癌個案，我教她回去跟家人討愛，她跟我說，現在回家都拿一些免費的青菜，她大姐笑她說：「怎麼現在家裡什麼免錢的妳都要。」她說：「對呀，以前我太獨立、太辛苦了，都為別人著想，看到爸媽吵吵鬧鬧，一直忍耐。現在我要回家拿菜吃，要跟爸爸撒嬌，要來表達我需要支持。」

我昨天還教她，回去跟爸爸說：「爸爸，我當年得到癌症時，覺得自己可能會死掉，如果我真的活不久了，下輩子你還願意當我的親人嗎？」我教她說這句話是希望她爸爸會哭著說出：「女兒，不要死。」因為她需要得到爸爸的愛和支持。以前她很堅強，從來不讓任何人在情感上支持她，我鼓勵她開始表達對情感的需求、自己的脆弱及需要被支持。這一點如果做得到，癌症就會好。

• 只要把心敞開，會發現周遭的每個人都能提供支持和協助

如果周遭沒有可以表達脆弱和需求的人，要向誰表達？向一切萬有、賽斯、神佛表達，讓宇宙的智慧看到自己的脆弱，伸出雙手告訴宇宙：「宇宙啊！一切萬有啊！我是你那脆弱的孩子，我在人間有很多的壓抑、委屈，我希望得到你的引導、你的愛，我的老公被外星人綁架了，我需要你來支持我。」或抬頭看著天說：「宇宙，幫我還信用卡債吧！」放心大膽地向宇宙愛的能量祈求，表達自己需要支援、肯定、引導，不必再堅強。

有時候我們都讓自己撐得好辛苦，我們這一代從父母那邊不一定得到支持，從小孩那邊更得不到支持，朋友也不見得幫得上忙。等到有一天發現宇宙和上帝可以信任時，會發現很奇怪，周遭的每個人怎麼也都可以依靠了，那是因為自己的信念改變了。原本以為周遭的每個人都不能提供支持，覺得向別人求助也沒用，但也許是從來沒有把心敞開。現在會發現周遭的每個人都很有用，我們常常說「三人行必有我師焉」，說不定對方能提供的正是我們需要的，而我們有的剛好也能支持他。

我之前住板橋，一大早不到八點，開車趕著去仁愛醫院查房照顧病人，在路上車子抛錨，不知道要跟誰求助，伸手出去看看誰的車會停下來，後來有輛計程車以為我要搭車，停下來問：「先生，你要坐車嗎？」我說沒有，他說：「你看起來很眼熟，是不是在仁愛醫院工作？」我說：「對呀！你怎麼知道？」他說孩子住院時我照顧過他。那時候我在小兒科，他認出我來，不好意思直接把車開走，就問我需要什麼幫助。我說：「車子不動了，可以幫忙看一下嗎？」後來他打開車蓋，說油管脫落了，幫我裝上去，請我還是要去維修廠鎖緊。五分鐘後他開著計程車離開，我回到車上一發動就可以開了。

其實我那時候腦袋想到的是：「有沒有虐待他的孩子、有沒有對人家很兇、很壞？」這類經驗常讓我覺得人要積陰德，因為我不知道何時需要別人幫忙。我一直覺得對別人好或是行善不一定要回報，可是宇宙一定會給我，像這種事經常發生在我身上，對方只是舉手之勞，在那個當下卻幫了我一個大忙。所以路上任何一個人都可以提供協助，不需要讓自己這麼辛苦，這就是賽斯家族的魔法。

因為我們是好人，在實現生命中的理想，利己利人利益眾生，心中有一份對宇宙的愛與祝福，不管有沒有採取行動，都會自動吸引周遭祝福的能量、好的能量、幫忙的能量。在我的人生當中，這種事沒有一千萬件，也有幾百萬件了，之後我要寫一本書，書名叫《善有善報》。真的要去體驗，這個世界並沒有那麼現實、殘酷，只要把心打開，有時候我們最需要被幫忙的事情，對別人可能輕而易舉，每個人其實都能提供協助。

44-10

• 科學越發達，人越不信任內心

（《健康之道》第三七二頁倒數第六行）很多人害怕愛的表達或依賴的需要，只會給他們帶來責備或懲罰，擔心再次被拒絕，所以他們藏起渴望，而破壞性的衝動事實上有助於保護他們，不去做他們不知怎地學會去害怕的愛的表達。

我說過，攻擊就是求助，攻擊就是討愛，因為害怕去表達愛的需求和依賴的需求。例如先生搞七捻三回到家，太太破口大罵，可是這背後代表什麼？討愛，她想說的是：「老公，請愛我，我需要你。」

所有的憤怒、暴力、破壞性的衝動，背後其實都有一個不知道如何表達的愛的需求，因此，最大的恨的後面藏著愛，那是暴力扭曲的衝動。經常有人問我：「許醫師，暴力的衝動怎麼辦？破壞性的衝動怎麼辦？」那些衝動的背後都有一個想要表達愛和依賴的需求。越覺察到這個，就越釋放自己。

科學本身，雖然在一些區域那麼的精確，卻常常將本能的、衝動的、混亂的、破壞性的活動視為同一種。意思是科學越發達，人越不信任內心，而覺得自然及人的內在本質兩者都被視為包含著野蠻、破壞性的力量，文明和理性必須堅定地與之抗衡。這裡說的正是我們整個社會的文化，就像我前面提到，在所有教育和宗教的修行裡，有沒有人鼓勵各位追隨自發性？沒有，各個宗教都說要克制、要壓抑、要明理，不要被內在的衝動控制。而賽斯心法則是透過內在的衝動找到神性和佛性的本質。

神性和佛性是怎麼來的？從內在的智慧、聲音、衝動而來，所以賽斯思想真的是有一貫性的。我們整個文明的教育都沒有讓人去明白內心，反而教導我們要違抗內在的本質，這樣不對。我們這邊學的剛好是讓理性與內在的自發性及智慧連結在一起，不但結合了理性與感性，也結合了衝動與智慧，能跟隨內在的自發性，又能有很好的智慧去導引它。

‧來自內在的自發性明白自己的秩序、有自己的道理

科學本身往往展示強迫性的和儀式性的行為，竟至編排其自己的推理路徑，以便它們含括安全領域，而固定地忽略那使得科學——或任何別的學科——成為可能的自發性偉大內在力量。

最偉大的科學發明常常是來自意外，「有心栽花花不開，無心插柳柳成蔭」，處心積慮要做的事沒有成功，而順其自然無心插柳卻那麼棒。科學是每個邏輯、每個思考都要很清楚，一步一步要確定，可是心靈的部分是跟著信心和自發性。這就說明了為什麼在科學如此昌盛、物質如此發達的時代，人們越來越不快樂，離心靈越來越遠。因為科學的本質是引導各位信任邏輯、推理、實驗，以及所有的步驟、因果、歸因、推論，而不是信任內在、感受和自發性。

科學最後導致的結果是一個人可能無法理解別人的感覺，所以現在是不是很多亞斯伯格的小孩？越來越多的孩子不知道如何跟別人建立關係，他們的邏輯推理可能很好，可是不知道怎麼體會別人的感受。這跟父母有沒有關係？有，因為我們大人越來越走上邏輯理性的道路，而內在的感性、自發性不見了。若要醫治亞斯伯格的孩子，

有時候要從父母著手，讓這個家變得比較輕鬆、愉悅、幽默，不是所有的事情都一板一眼，任何事都要講道理，統統用邏輯理性推論。有時候生命就是該浪費在美好的事物上，像發呆是很好的活動，可是孩子發呆時，父母一定覺得這樣不對，要去做有生產價值的事。請大家打開僵化的思想。

自發性明白自己的秩序，再也沒有比自發地生長其自己所有部分的肉體更高度有系統的了。很多人以為自發性是亂來，沒有道理，但來自內在的自發性有自己的道理。人類是地球萬物中最具理性、最有秩序觀念、最懂得科學和邏輯思考的，遠遠超越萬物，但卻把地球弄得一團亂，空氣汙染了、河川髒了、大地亂七八糟。

牛有沒有發展出理性推理？沒有，聽說萬物都是跟著本能在走，整個宇宙的智慧來自內在的自發性。父母常常問說：「孩子想做什麼就讓他去做嗎？」如果以自發性的角度，我會說「是」，他們又問：「難道每個人做他自己，就不用理別人了嗎？」我會說：「當每個人做他自己，自動就會理別人，而你們永遠在擔心自發性。」

一旦信任自發性，就會相信獨特性，生命會完全改變。我說的其實是以最深的哲學為根本，引導各位重新建構生命，每個人的人生真的會因為這樣的建構而截然不同。

第45講

45-1

•如果心中有不滿和壓力，不要急著用頭腦跟自己講道理

我來分享一位同學的例子，她父母重男輕女，最疼愛哥哥，把很多財產都給他，可是等到父母最需要孩子在身邊時，哥哥根本置之不理，做女兒的擔心自己的能力、財力有限，又不能多說什麼，於是有心無力，自責痛苦，想憤怒又不能憤怒。她的心中有著不滿和壓力，但急著用頭腦跟自己講道理，結果內心統統做不到，就把那個憤怒的自己壓下去了。就像很多人告訴我：「許醫師，我知道要原諒，可是一想到就生氣。」很多人修行到後來都碰到這個瓶頸，因為用頭腦講道理，完全壓抑不住內心的痛苦、恐懼和憂鬱。

我請她要尊重這些情緒，讓情緒走完自己，做人不應該充滿無力感，她要面對這個問題。她跟人家吵完架之後，整個吵架的情節、對話，常常在腦海中縈繞好幾天，

簡單來說，代表那個架沒有吵完。

我的意思是，通常我們在跟別人溝通時，其實只溝通一半，因為我們的頭腦和意識層面有很多的部分是在壓抑。比如，很多人吵完架之後，會回來看自己當時哪一段沒有說清楚，或者對方講的哪一段是在侮辱我，甚至是完全曲解我的意思，所以內在一定會出現許多情緒，包括憤怒、受傷、沮喪和自責。即使吵贏了，也可能覺得自己是不是太過分，導致另一個自己開始反彈，想：「我怎麼可以這樣跟他說話、怎麼可以跟他吵架，他又不是故意的。」

我最近在輔導一位異位性皮膚炎的高一女生，爸爸是大學教授，她的皮膚和血管非常敏感，頸部、前胸、臉隨時會漲紅，就像有些人皮膚輕輕一劃過去就會腫起來。後來我在探討她的整個內在過程，非常有趣，上次是媽媽陪她來，這次是大學教授的爸爸陪她來，爸爸大概五、六十歲，這個獨生女才高一。

我看到這位爸爸用全部的生命在愛孩子，但是他的脾氣非常不好，很主觀。比如那天他們來看診，我請父母坐下來談話，我開始看診，做一些記錄，第一分鐘她爸爸就跟我說：「許醫師，你可不可以停止做記錄？可不可以好好跟我的孩子說話？」

我跟他說：「你這樣子跟我說話，我壓力好大喔！可見你平常對女兒造成多大的壓力。」女兒一聽當場掉淚。

這位爸爸非常愛女兒，但完全是用自己的方法在愛她。這位媽媽上次跟我說，爸爸是很謹慎小心的人，他用全部的力氣在照顧這個家，可是全家人都要按照他的方法，因為他是如此關心全家人。

我後來跟這個女兒說：「妳的異位性皮膚炎百分之百都是妳壓抑的情緒造成的。」我進一步解釋她如何壓抑情緒：「第一、妳知道自己是父母唯一的小孩，也知道爸爸從幫妳換尿布到求學，無微不至的付出，妳甚至全然相信爸爸願意為妳犧牲生命。可是爸爸愛妳的所有方式都讓妳覺得很不舒服、很憤怒，像是爸爸會搜妳的書包、檢查妳的手機、每天幫妳洗衣折衣，因為他嫌媽媽洗得不乾淨，但因為妳內心如此清楚明白、如此懂事，也如此愛爸爸，於是每天一再告訴自己不能生爸爸的氣。其實背後有沒有生氣？有，妳累積了很多憤怒，而憤怒就像敏感性皮膚，整個漲上來又必須壓下去。」

這就是她得到異位性皮膚炎最根本的原因。所有的皮膚病，尤其是像乾癬、異位性皮膚炎，都跟親子之間情緒的衝突直接相關。我之前有過一個案例是國二的小女生想休學，一般人以為要休學是因為功課跟不上，但那個小女生不是，她是發現國二下學期拿不到第一名，所以必須休學回家趕上進度回來拿第一名。在她心中不能接受自己不是第一名，這表示她辜負了父母的期望和全部的愛。由此可知，這個人承受著多少壓力，才會讓她覺得自己不能不是第一名，實在很辛苦。

45-2

・人的腦細胞具有我們未發現的潛能，要從心靈角度去啟動

我再講另一個很有趣的個案。他在四年前發生重大車禍，必須接受七次大手術，全身骨頭能斷的幾乎都斷了，那條命是撿回來的，但是救回來之後伴隨著腦傷性精神病，說話、動作都受到局限，整個智商下降。

關於這位個案，我很佩服的是他媽媽，要做第七次大手術時，醫生還問媽媽：「你真的要讓他再受一次苦嗎？」連醫生都說不要了，媽媽堅持說：「我要幫我的孩子恢復到最好的狀況。」可是所有醫學能做的都做了，救回來最大的問題是腦傷，因為腦部是顱內出血，腦細胞死掉很多。

我不知道這位媽媽為什麼對我這麼有信心，每一、兩個禮拜來看門診，我跟孩子探討所有的一切。起初媽媽問我：「許醫師，賽斯身心靈真的可以幫助我的小孩

嗎？」我說：「我不保證，有可能，但是我不能跟妳說兒子一定會恢復，我從來不給虛幻的保證。」直到兩個禮拜前，這位媽媽來的時候差點跪下來，因為那個孩子原本腦傷後咬字不清楚，講話後面拖著尾音，但不知道為什麼兩週前，慢慢變成一般人說話的正常語調，連咬字都進步了。

我前幾天跟他談的時候，他說所有的記憶力慢慢回來了。人的腦細胞有我們尚未發現的潛能。這個孩子是中輟生，迷上了改裝摩托車，後來發生重大車禍，其實他很優秀，父母都是留美碩博士。我跟他說：「我知道你那時候為什麼選擇中輟，因為你的好勝心和自尊心非常強，在學校不能讓別人知道你不會、不懂，你對自己抱著如此高的期望，所以有些東西你碰到瓶頸追不上時，就開始慌了，而且你不能讓同學發現你可能會輸給他們。」我講到這句話時，他簡直大叫著說：「許醫師，是的，你說的就是我真正的心聲。」

在心理治療這個領域裡很有意思，一旦碰觸到某個狀態時，好像啟動了開關。原來他一輩子背負的是父母的期望，在他的人格裡，覺得：「我不能不好。」他承擔了多大的壓力。這位個案最近在整個智商的表現、說話的語調上，一步一步恢復正常，可是他接受的不是語言訓練及動作的復健訓練，而是從心靈層面重新認識自己。

這就是我一直跟大家說的，心靈層面可以讓腦細胞產生新的連結，有些功能即使腦細胞死亡，仍可以藉由其他腦細胞產生新連結後而重新建立功能，這是最近神經內科的一個理論，指的是腦神經細胞可以父兼母職，並不是一個特殊的腦神經細胞死掉，那個功能就消失了。比如，右腦中風的人，左手左腳不能動或不靈活，但現在的神經內科醫生發現，左腦細胞也能控制左手左腳，只是必須去啟動，因為人的腦細胞所具有的潛能是過去我們沒有發現的，在賽斯心法裡，要從心靈的角度去啟動。

那個孩子語言進步時，媽媽簡直像中了樂透一樣。他媽媽真的很有心，有好幾次她問我：「許醫師，到底有沒有用？」我說不能給她保證，只能盡力而為。可是臨床上竟然出現這種情況，而且從發生重大車禍到現在已經四年了，這個孩子重新回去打工，完成高中同等學歷，很有意思。

45-3

• 吵完架還會想好幾天，代表架沒吵完，情緒沒走完

回到剛才講的，為什麼吵完架以後會想好幾天？因為情緒沒有過去。有些人會希望這件事趕快結束，不要回想。這樣不對，必須容許自己再走完整個過程，用寫的或是去山裡跟猴子說話，甚至再找那個人把沒說完的話講完，總之要完成沒有完成的情緒。

吵完架會想幾天的人，通常性格上包含兩部分：一個是比較強迫謹慎，一個是比較自律嚴格。比如，有強迫人格的人在跟別人說完話，回家會花兩、三個小時，反思自己有沒有說錯話。做每件事會很怕犯錯，擔心有沒有聽錯對方的意思，常常對自己很沒有信心，若漏聽或誤解了哪一句話，他們會一句一句重新組合，回顧自己哪裡說得不對、不恰當。

這樣的人格基本上屬於小心謹慎型，因為如此的小心謹慎，所以經常害怕自己出錯。我說過，強迫症的三個特質是：反覆檢查、反覆數數、反覆清潔（checking, counting, cleaning），背後其實是對自己很沒有信心，很怕犯錯，擔心內在有個自己不夠好，害怕被責備和懲罰。就像有位同學提到，在傳統所有的宗教裡，都是告訴我們有業障、有原罪，不能犯錯，一犯錯必須接受懲罰，這是我們過去長久以來的概念，但這是錯的。

前幾天我在上《個人實相的本質》時談到原罪，原罪是人類離開一切萬有、離開伊甸園被給予的禮物，讓我們在第二次犯錯前，可以想起以前曾犯過錯、傷害過別人，自己也不舒服，於是不會再去傷害別人，這不是一種懲罰。但是歷代以來，我們被灌輸了多少關於懲罰的觀念，結果宗教變成懲罰人的工具，好像神明有事沒事在那兒等著要懲罰人似的，這完全錯誤。

而不再有神明懲罰我們的時候，誰會來懲罰我們？通常是自己，我們常常過度自責、過度自我批判，該檢討的沒有檢討，不該檢討的又一直責怪自己。像前述那位女同學，她罹患了乳癌，是不是自責造成的？當然是，她覺得自己幫不了父母的忙，覺得自己不能對哥哥說什麼，覺得自己沒有用，有心無力。哥哥是兒子，她是女兒，他們家重男輕女，她沒有分到財產，因為女兒沒有權利，沒有權利的意思就是沒有義務，即使沒有義務，她依然認為自己是父母生的，於是身為女兒的她不斷自我責備，不放過自己。

45-4

• 醫學處理的很多疾病，都是來自人內在意識累積的負面能量

之前我在花蓮上過一堂課非常重要，自從宗教式微以來，大家開始不進教堂懺悔請求神父的原諒、得到上帝的寬恕，也不再進佛寺找師父洗掉自己的罪和業障，此時最得利的是什麼地方？醫院，醫學處理的很多疾病，都是人內在意識累積的負面能量。哪些負面能量？自責、憤怒、覺得自己不夠好。人真的很容易覺得自己不夠好，例如老公有外遇表示什麼？老婆會覺得自己不夠好，因為以前二十多歲，現在五十歲，所以不夠漂亮了。

我最近在輔導一些鼻咽癌的癌友，他們主要的個性就是愛面子、好大喜功、注重表相，都是第一個說話，永遠要把場面顧好，不能丟臉或忽略細節，例如絕對不能忘記幫客人倒茶。有一位鼻咽癌的癌友是裝潢師傅，一輩子兢兢業業，工作認真，偏偏

出了一個兒子今年才二十多歲，退伍回來簽賭職棒輸了五百萬台幣，他這個一輩子那麼愛面子的人，竟然在快退休前欠債，覺得沒面子，不如去死。這就是他得鼻咽癌的原因，內心有很深的痛苦和自責，他的面子完全被毀掉。

另一個學員是當老闆，到大陸開工廠，賺了一、兩棟房子，後來轉投資科技業虧錢，工廠關起來負債了，他說跟他媽媽之間講到錢，兩人彷彿不是母子似的，因為有錢就有面子，沒錢就沒面子，他的名言是「不成功，便成仁」，這麼在乎名聲、面子、事業有沒有成功的人，遭遇了這種事，會不會得癌症？當然會，因為他這輩子最重要的就是名聲，場面絕對不能難看。

這就是靈魂給他最大的功課，要讓他學習放下執著，因為這是他這輩子最需要得到的學習和智慧，靈魂就是會給他。他一輩子最愛名聲、最愛面子，於是靈魂就讓他沒面子，逼他放下執著、去面對，然後從中超越。

• 能無所顧忌的說出心裡的感受，就會得到平安和喜樂

回到前面說的，我們在過去有那麼多地方可以去告解、說心事，但現在沒有了，

所以未來這個世界癌症病人一定會越來越多，精神疾病也是，因為人跟人越來越疏遠，彼此之間不說心裡的話，例如有同學擔心跟我抱怨自己的哥哥，萬一哥哥聽到怎麼辦、怎麼可以批評自己的哥哥、會不會對哥哥不好意思？有太多的顧忌。

雖然妹妹認為自己在批評哥哥，可是我會認為她是在批評嗎？不會，我覺得她只是在述說不滿而已。妹妹的不滿一定是哥哥的錯嗎？不一定，那是妹妹個人的觀點，每個人都有權利表達個人觀點，但不代表這樣的立場是對的，要有這種想法才會自由。

現代人真的要找一個可以信任的地方、老師或團隊，放心說出心裡的話，只是這樣的地方不多，因為很多東西都帶有目的。像今天有位個案跟我說，他去找一個別人推薦的中醫師，聽說很厲害，結果那個中醫師推銷一堆保健食品給他，他就想：「我是來找你看中醫的，你推薦我那麼多保健食品做什麼？你是在當醫生還是在賣藥？」

我們對這個世界的戒心越來越重，很難信任人，到最後人都變成像賽斯心法裡面講的孤島，內心都很孤獨，家裡的事、內心的痛苦怎麼敢說出來？可是不說會憋死。我的目的只是要各位說出來，說的是阿貓阿狗、是哥哥弟弟還是表哥表妹，我對誰怎麼樣毫無興趣，我的角色就是讓各位無所顧忌的說出心裡的感受，如此才能得到平安和喜樂，我不是來判定對錯，也不是來決定誰是誰非。

45-5

・暴食症患者一想到減肥就開始暴食，這是意識與潛意識的戰爭

大家真的要仔細閱讀這本《健康之道》，裡面說到很多關於身心健康的問題，也包括家庭、親子議題。那天在門診我聽到一位個案說，她聽了《健康之道》有聲書，我問她：「那妳一定對健康瞭解得很多了。」她說不是，主要聽到的是親子關係，這本書解決了她的親子關係，大幅改善了她跟小兒子的關係。因此這本書不只是講身體健康，還包含了關係、情緒、與家人之間的互動。

上次我們說過自發性，講到便祕和強迫行為，而吸煙過度、飲酒過度以及飲食過度，也就是所謂的暴食症，都與自發性有關。最近我在輔導一位國中小女生，一餐要吃三個大人的便當，因為罹患了暴食症。我說：「妳來找許醫師，是不是希望告訴自己每天不要再吃這麼多？」她說：「對，其實我每餐都告訴自己不要再吃三個便當，

可是依然故態復萌。」我說：「我們來做個實驗，妳現在腦海中不要想一顆紅色的蘋果。請問妳剛才想了沒有？想了，妳越跟潛意識抗拒，就越掉進那個陷阱。」

所以我跟這位暴食症患者說：「妳不但可以吃三個，還可以吃五個，妳想吃幾個都可以，這樣子反而就放鬆了。」因為這就是意識與潛意識的戰爭，她每次只要一想到減肥就開始暴食，這就像我們打算開始省錢時一定會先亂花錢，越告訴自己不要生氣脾氣就越壞。

宇宙的道理是人法天、天法道、道法自然，越抗拒力量就越大。這就是過去很多傳統修行失敗的原因，因為一直在對抗，沒有引導大家發洩負面情緒、承認自己是「小愛愛」（小心眼、愛生氣、愛計較）、接受黑暗面，於是一直在對抗懶惰的自己，越對抗就越給了懶惰的自己能量，結果只會越懶惰，然後再花更大的力氣對抗。這也是為什麼很多追求完美的人最後會得憂鬱症、每件事要做得很好的人最後可能會生病，因為他在對抗一個他覺得不好的自己，這叫分別心。

• 放下對抗，打開分別心，順勢而為

賽斯心法是打開分別心，順勢而為。我跟那位罹患暴食症的小女孩說：「妳一直在抵抗自己的內在，而越想節食就越暴食。」她是怎麼開始暴食的？她轉學到某一個班，發現班上同學都很瘦，有個男生笑她：「妳看我們全班女生都那麼瘦，只有妳是小胖妹。」從那天起她決定減肥，也就是從那天起，她得到暴食症，因為她是用對抗的方式。

像我們有位同學很愛哭，我就跟她說：「繼續哭，哭到不想哭為止，像孟姜女一樣哭倒長城，看看有什麼地方需要拆除、爆破的，就請妳去。哭到後來妳會覺得很無聊、像瘋子，就不哭了。」大多數的人都在玩抵抗的遊戲，不要說壞話、不要起壞的念頭、不要壞脾氣，要做好事、當好人、生好心、說好話。可是有時候應該要盡量說，要有多壞就有多壞，壞到一個程度自然會說：「奇怪，我沒那麼壞嘛！」就是因為想竭力對抗自己的壞，才需要那麼好，所以我反而會說：「盡量壞，看你能壞到哪裡去。」比如一個很愛面子的人，我就鼓勵他丟臉，能丟多少算多少，丟到後來他就說「丟得蠻習慣的」，覺得還有蠻多臉可以丟。越想顧全大局

結果會越慘。

我今天在輔導一位大腸癌個案，我說：「某某同學，我現在下重藥了，你的人格變態，心理異常，為什麼？因為你一直以來都想當濫好人，一輩子的人際關係都在求和諧、圓滿、不要衝突、不要說不好聽的話、不要讓大家臉色不好難下台，於是在過程中一路忍耐，不願意表態說出真心話，忍到後來一拍兩散，導致所有的人際關係一塌糊塗，健康也一塌糊塗。」

賽斯心法是能多壞就多壞，能講多難聽的話就去講。如果有人講很難聽的話，我會說：「你還可以再難聽一點。」如果有人很邋遢，我會說：「你可以更邋遢一點。」如果有人自認為很差勁，我會說：「你還可以更差勁一點，到後來會覺得實在沒有必要這麼差勁下去，自然就不會差勁了。」

很多憂鬱的人來找我，我第一句話就說：「你好像可以更憂鬱一點，就是因為你不夠憂鬱，所以還沒有開始好轉。」易經早就說了，物極必反。假如有負面思考的人，我會說：「你可以更負面一點，負面到後來連你自己都受不了，就不會負面。」因為他們還沒有利空出盡，一旦利空出盡馬上觸底反彈，心靈的道理也是如此，股市就是人性、就是一門高深的心理學。大家過去學的很多道理都是分別的、對抗的，沒有抓到宇宙根本的道理。

45-6

‧真正的紀律是真正自發的結果

（《健康之道》第三七三頁第八行）就如我們的生命是由這些自發過程提供給我們的。我說過，腸胃蠕動是不是自發性？心臟跳動是不是自發性？青春期、更年期是不是自發性？是，所有的生理現象都是自發性。因此越壓抑、越無法跟隨自發性的人，就會生病。孔子說三十而立，四十而不惑，五十而知天命，六十而耳順，七十而從心所欲、不逾矩，因為從心所欲不逾矩，才能活到七十歲，這表示沒有壓力。由於生理的運轉是自發性的過程，所以一個人的理性越強、越自我壓抑，就越容易生病。

可以這樣說，宇宙的生命也是以同樣方式提供的。整個宇宙的運轉是自發的過程，所以要相信身體的自發性、宇宙的自然之道。我一天到晚給大家催眠暗示：「人的身體天生就是健康的，會自然而然傾向於健康。」賽斯心法說得很清楚，如果順其自然，人不應該有慢性病，得到慢性病是不自然的。現在全世界的醫學告訴大家，好像人老了得到慢性病是正常且應該的，這樣不對，那是因為人背離了天道、背離了自然、背離了本心。我們的生活背離了自然的內在，所以一定要找回孩子純真的心、找回自發的心。

我們看見物質的星辰，星星、月亮、太陽，而我們的儀器探入遙遠的太空，但使得宇宙成為可能的「內在過程」，是那些推進我們自己思維的同樣過程。所以，相信自發性與紀律只是相反的東西是錯的，反之，真正的紀律是真正自發的結果。這句話要讓大家去參，意思是來自於自發性，才會產生真正的紀律，如果這個紀律是由外面規定的，最後一定會反彈，人去做自己喜歡做的事最不容易放棄，因為是來自於自發性。若是規定自己、規定別人，剛開始很有效，到後來一定四分五裂。

人做什麼事情最有紀律？比如，為什麼四、五十年來這麼有紀律的一直吃某樣東西？因為愛吃啊！四、五十年從來沒有放棄過，這個紀律是來自於自發性。很多人以為要抗拒分心，所以需要紀律，這個想法不對，應該是要順著那個自發性走。

‧一個人對自己喜歡的、有興趣的事，一定會持之以恆

賽斯於一九八〇年在《神奇之道》裡就寫到過動症，我來分享一下。他說，孩子經常有一個自然而然專注的習慣，比如，孩子可能畫畫一畫就是兩、三個小時，玩遊戲一玩就是三、四個小時，孩子做喜歡做的事會一頭栽進去，可是，這種專注的習慣通常會被父母打斷，就是這樣專注在喜歡的東西上卻一直被打斷的過程，使得孩子的專注性遭到破壞。

因為父母只希望孩子把專注性放在他們認為有意義的地方，只要父母認為孩子專注在不對的方向上，就會一直打斷，而要孩子專注在對的方向上，到最後孩子的習慣也無法養成，讓孩子左右不是人。所謂的過動症（ADHD）或注意力缺損症候群（ADD），其實都是教育方式出錯的結果，因為人天生自然的本性是專注的。

我舉個有趣的笑話，有位同學有一次來看我的門診，她說最佩服許醫師的一點是永遠準時。我在幫大家上課幾乎是準時開始、準時結束，不拖一分鐘。我來這邊上課是自發性還是紀律？我是自發來的，因為這是公益演講，一毛錢都不會給我，完全沒有任何人規定我，也不是我的工作，可是我持續這種自發性十幾年了。為什麼我這麼

有紀律呢？因為這是我的喜好，來自我的自發性，所以我比所有人更準時，出席率比所有人都高。

請找到自發性，也幫助孩子找到自發性，因為真正的紀律是來自於自發性。一個人對自己喜歡的、有興趣的事，一定會持之以恆。很多父母覺得孩子沒有恆心，其實沒有恆心是父母造成的，因為孩子對自己的興趣有恆心時，父母不讓他產生恆心，不斷逼迫孩子在他尚未產生興趣和自發性的事情上專注，那麼出現注意力缺損症候群當然不足為奇。然後又發明了藥物給孩子吃，我真的不知道怎麼辦。

使得宇宙成為可能的「內在過程」，賽斯說這是自發性的意思，也是使得我們的思維推進的同樣過程。真正的紀律是真正自發的結果，所以逼迫自己沒有用，要找到自己的天命。

45-7

‧生命中每個元素的價值完成都是自發的過程

（《健康之道》第三七三頁倒數第五行）生命中每個元素的價值完成都依賴那些自發的過程，而在它們的源頭是基本的肯定性的愛。賽斯心法就是肯定一切，肯定性的愛，及對自己、宇宙，及生命情況的接受。接受自己，接受自己的生命，我一直強調三句話，第一句：「所有的發生都是最好的安排。」第二句：「你以為一件不好的事情發生，其實是在醞釀著某個好。」第三句：「所有的痛苦、問題都會自然而然自己解決，在痛苦不安時，記得要告訴自己平安喜樂，宇宙的愛隨時在身邊。」

這也是我之前說過的，這個世界目前最大的危機是大家統統沒有信仰，我說的信仰不一定是宗教信仰，像賽斯心法就不是宗教信仰，可是我們這邊有沒有信念？有，我們的信念是：生命中每個元素的價值完成都是自發的過程，源頭是基本的肯定性的愛，以及對自己、宇宙和生命情況的接受。

對自己的存在說「是」，對生命的挑戰說「是」，當下接受自己。恨自己、不平衡沒有用。我說不平衡沒有用，可是如果有人不平衡，我會叫他趕快說出不平衡，因為說完了才能知道不平衡沒有用，而不是還沒有說，就說不平衡是不好的。處理情緒及內在，必須要先見山是山、見山不是山，才能見山又是山。恨沒有出盡、不會回到愛，利空沒有出盡、不會回到基本面，這就是處理負面情緒的方式，不是壓抑就能做得到，不可能。

・宗教本身的黑暗面，不幸助長了人們對自發性的恐懼

自古以來，宗教就試圖幫助人瞭解他自己主觀的實相，宗教要幫我們瞭解我們的心，所以告訴我們要明心見性，找回本心。但宗教有自己的黑暗面，大家聽到撒旦的次數不會比上帝少，聽到業障的次數不會比佛號少，聽到罪惡的次數不會比恩寵少。因此，走進寺廟，什麼佛都還沒聽到，已經先聽到很多業障了，什麼愛都沒有感受到，已經感受到罪惡了。宗教原始的目的本來是要幫我們看待和接納黑暗面，可是變

成宗教有自己的黑暗面。而為此理由，宗教不幸助長了對自發性的恐懼，所以才需要很多戒律，因為不能相信人。

很多人跟我說：「許醫師，你好棒，你在行善，你有大愛。」我聽到大愛腿都軟了，我從來不覺得自己有大愛，只有小愛愛，因為我只是像太陽一樣，每天在做喜歡的事，從頭到尾沒有要行善，沒有要拯救世界，沒有要幫助任何一個人。當我這麼說時，大家也許會覺得很矛盾，因為我所做的一切都成就了上述的事情。我不是為了做功德而做功德，我只是因為這樣做會很開心，因為這是我的本性，看到別人開心、離苦得樂，我就開心。我沒有什麼大道理，從來不懂什麼叫大愛，只有小愛愛，我更喜歡我的小愛愛，小心眼、愛生氣、愛計較，我好喜歡那些部分。

現在大家知道賽斯心法不同之處了，賽斯心法好人性化，讓每個人愛自己，愛夠了就會自動帶給別人快樂，從來不會要每個人故意去做什麼事，只要做自己、成為自己，就這麼簡單，我從來沒有要做什麼偉大的人物，越是小愛愛，越開心。

很多宗教好像變得必須要無私，否則就會自私，賽斯心法會說，請繼續自私，自私到吃撐吃飽，自然而然會分給別人，有什麼好擔心的。很多宗教是基於恐懼，如果沒有守戒律就會有業障，如果沒有大愛就會變得糟糕，如果沒有做功德就會不斷墮入生死輪迴。這也是為什麼很多人目前不想接觸宗教的原因，聽到的多半是恐嚇的言論。

最近有位個案來跟我談過之後，她好高興，因為她媽媽說：「妳不開佛堂，不去拯救眾生，就會下地獄。」結果嚇壞她了。賽斯心法從來沒有要各位出於恐懼，賽斯心法的學習一切都出於愛。她還說，很多宗教團體或其他團體很強調愛，一進去就好像被抓住了，一天不去就有好多人打電話給她說不能不去。在我們這裡從來都沒有人會管這種事，相當自由，我們尊重每個人，只是偶爾關心，讓大家覺得在這裡很安全自在，沒有任何人會勉強別人。

宗教不幸助長了對自發性的恐懼，所以要強調不得造口業不然會有不幸的後果，一定得怎麼樣不然會受懲罰，一定得信哪個宗教不然就下地獄，全都是來自於恐懼，這樣不對。

45-8

‧任何的修行一定是越修越自在，而不是越修越不自在

（《健康之道》第三七四頁倒數第四行）宗教沒去促進人的內在價值的概念，意思是說，要促進人的內在價值，幫助人更愛自己、更肯定自己，而不是隨時隨地監視自己什麼時候做錯事、什麼時候造了口業。宗教經常提醒人，必須小心翼翼，注意自己說出的每句話，可是如果過度了就不好，沒有去促進人的內在價值的觀念，反倒教人不信任內在自己及其外在顯現。

這裡提到，讓人們開始不信任內在的自己與外在的顯現，對自己的言行更加小心謹慎。所有的修行強調的是什麼？自在，可是如果越修越不自在，那就不對了，任何的修行一定是越修越自在。

大多數教會宣揚一個強調有罪的自己的觀念，人根本什麼都還沒有做，就說有原

罪。而將人看成是被原罪汙染了的一種生物，甚至在他出生之前就有了原罪。如果問神父說：「神父，我剛生下來什麼罪都沒有犯。」他可能會說：「不是你，是你的爸爸、你爸爸的爸爸，追溯到最早是亞當和夏娃犯的罪，一直延續到今天。」

現在法律都說爸爸欠債，孩子可以拋棄繼承，祖先犯的原罪我們到現在還要承受，宗教怎麼比法律還殘忍？用膝蓋想也知道有問題。所以原罪根本不是這個意思，原罪的意思是提供一個不要偏差的參考基準，而不是手鐐腳銬。還有，東方最強調業障，生病是業障、不幸也是業障，什麼都是業障，這種觀念不對。

• 生命的本質就是神聖，沒有人需要為他的出生道歉

這扭曲了的畫面描述一種罪人的族類，天生被邪惡的、有時候是魔鬼的力量驅策。在天主教有很多附魔、撒旦，東方的宗教也提到走火入魔，有佛就有魔，魔的收視率比佛、上帝還高。

在這教義裡，人需要為他的出生道歉。好像當人是不光榮的，東方的觀念更糟糕，當人是因為無明，是因為生死輪迴、業障才成為人類，所以終其一生要達到的目

標，是解脫掉這個萬惡的人間、五濁惡世。所有的宗教把人視為比較差勁，把這個世界認為是比較負面的。可是賽斯心法說，我們來人間就是要在時空中，用具體的物質建造一個天堂，人間沒有任何地方是不好、邪惡、低級或被汙染的，每個人的存在是神聖的，不論父母有沒有重男輕女、不論有沒有負債、有沒有離婚、是不是只有小學畢業，大家都是神聖的，因為生命的本質就是神聖，這是我們這裡一直強調的價值。請問現在全世界人類有沒有這個信仰？沒有。

人需要為他的出生道歉，而生命的情況被視為神降在其犯錯的生物上的處罰。夏娃被蛇引誘吃了惡果，夫妻倆被上帝趕出伊甸園變成人類，人要為他的犯錯負責。很不幸地，這種觀念也反映在心理學的領域裡，尤其是在佛洛依德派裡，在那兒，比如說，「說溜嘴」可能出賣了自己隱藏的、窮凶極惡的真實欲望。

每個人的內在都有一個黑暗的自己，很多修行教人壓制、消滅黑暗的自己，這是一種對抗。一直強調大愛最後會崩潰，去承認自己是小愛愛，反而比較容易有大愛，因為先滿足了自己，到後來就會去造福眾生。否則從頭到尾都在為別人付出、犧牲，委屈自己，到頭來一定會抓狂，因為沒有了自己。

無意識被瞭解為久已被文明丟棄、不受歡迎的欲望之垃圾堆。無意識是每個人內在的黑暗面，就是無明，人不信任自己。同時再次的，大多數宗教理論都投射出，必須被好的工作、祈禱和救贖束縛住的隱蔽的自己形象。在這樣一大團負面假定之中，一個好而無邪的內我概念，幾乎像是可恥的。好而無邪的內我概念，這就是賽斯心法一直強調的人性本善、跟隨衝動。人的本質就是善的，而且這個善不是相對的善，是包含了惡、去除二元對立之後更大的善，包含了我們以為的善與惡。

比如那些迷失的、殺人的、犯罪的人，是扭曲了的善。我說過，這個世界有兩種人：一種是好人，一種是做壞事的好人，他們的本質一樣是好的，只是迷失了。校園內的霸凌事件，每個學生的本質是不是好的？當然是，只是用錯方向，所以賽斯心法肯定人存在的真正本質是好的。

去鼓勵那個自己的表達，顯得是魯莽的，那個自己指的是好而無邪的內我，因為彷彿太清楚了，如果意識的蓋子被打開了，好比說，各種各樣的內在惡魔及被激怒的衝動就會衝出來。我們過去花太多時間壓抑自己，告訴自己不能自私、不能口出惡言、不能有嫉妒的心情、不能對人產生不好的念頭，其實不對，那些都要去面對和接納，必須相信內在更大的善，因為更大的善存在了，所以能夠容許。

・有時候人生病是需要獨處，遠離所有帶來壓力的人

我從來沒有教大家不要恨，而是會說：「儘管去恨，恨累了，就會明白原來恨是來自愛、來自期望。」賽斯心法不會創造恨跟愛的對立，而是引導恨回到它所來自的愛。所有的疾病也是一樣，賽斯心法不要各位對抗疾病，而是明白疾病是來自負面能量的壓抑，還記得生病五大步驟嗎？壓抑、累積、扭曲、變形、生病，找到了壓抑，還原回去之後，病就會痊癒。

這真的是神奇之道，我們說要有賽斯花園，賽斯花園就成立了，我們說要有賽斯村，賽斯村也出現了。賽斯村是由一位非常有經驗、有愛心的彭建築師幫忙設計的。我重申一次為什麼要做賽斯村？老實說，我常常想，要如何幫助更多身心痛苦的人？雖然我們這樣上課很好，可是也會發現很多同學回到家、回到工作崗位，不知怎地過一陣子疾病又復發了，所以我就吃了秤砣鐵了心，以後不要送大家回家，先送去賽斯村「住院」。

這完全符合賽斯對醫院的想法，一間醫院要建立在廣闊的土地上，除了行動不便的人以外，所有人都可以親近大自然，讓大家去活動、去大喊大叫。希望那裡以後是我們集訓、療癒、修行的地方，也是我們的精神所在。如果被醫學宣判使不上力的病人，想要到一個地方好好靜養，就可以去賽斯村讓身心靈自我療癒。

賽斯說，有時候人生病時，需要的是獨處。以我自己為例，從小我一生病，最不想看到的就是人，只想靜靜地獨處，我一個人的時候，覺得可以跟大自然好接近，跟天地好親密。不要任何人打擾我，不要叫我吃東吃西、做東做西。

以前我覺得自己這種想法有病，因為大家都說病人最喜歡人家探望，但我不是，有時候生病真的只想獨處。後來我看了賽斯書終於瞭解，原來自己一個人，遠離了所有會帶來壓力、困擾的人，回到與天地、星空、月亮在一起的地方，病就會不藥而癒，因為人的本質本來就沒有病。

可是我們住在都市裡，到處都是人，尤其生病時，不管是喜歡或不喜歡的人都趕不走，再加上一般醫院通常不夠人性化，真正愛你的人不能靠近，反而被一大堆機器、藥物所包圍。

賽斯村是個療癒的地方、充滿愛心的地方，不會被很多冰冷的機器和高科技所圍繞，將來也許還會有育幼院、老人院、第二青春館。大家老了之後不必擔心，會有個地方可以落腳，我們希望能做到。我們的彭建築師很棒，因為他是王季慶女士的學弟，他看了十幾年的賽斯書，打算用獨到的賽斯精神為我們做這件事，而且不收費，為大家奉獻。

有些人常問：「許醫師，我來這邊上課要上到什麼時候？我學賽斯心法要學多久？」通常我的回答是：「你學佛要學多久？你要當多久的基督徒才可以學到基督的精神？」意思是說，也許大家的心態還沒有建立起來，但我自己進到這個領域，就是打算混一輩子，它跟我的生活已經沒有分隔。以後我甚至會軟性規定，得到癌症的同學每年都到賽斯村住一個月，其他同學每年也可以花一、兩個月的時間去成長、充電，提升了能力和智慧後，再回到現實人生。

第46講

46-1

‧生活好不一定會快樂，心靈的喜悅才能得到安頓

我們最近在提倡樹葬，我要跟大家說一下背後的典故，台中有位早期的癌症團療班長，有一陣子椎間盤突出，不能跟著整個團隊到賽斯農場去種櫻花，後來他聽說種櫻花的地方以後可以樹葬，就拼了老命要去把自己的後事完成。結果他去那邊種完了櫻花，身體整個就復原了。

可是那片土地是跟花蓮農場租的，如果用那塊地做樹葬，租約到了還給人家的時候變成墳場，這樣不行。我想了一想，覺得不能用那塊地做樹葬，結果花蓮有一位同學捐給我們一塊六分的土地，剛好就在舊的慈濟精舍斜後方一百公尺左右，完全由我們規劃。我可能會把那裡作為以後樹葬的地方，我們的同學一聽心情就放鬆了，他說死後不要放在棺材埋在土裡，也不要海葬，而是希望能樹葬。

我還跟同學說，喜歡樹葬的人最好了，喜歡櫻花的人就去那邊種一棵櫻花樹，以後葬在櫻花樹下，等春天到了，孩子去會看到滿樹的櫻花。喜歡吃芭樂的人就種芭樂樹，以後孩子去就可以把芭樂摘回家吃，告訴孫子這就是爺爺。喜歡楓葉的人就種楓樹，到了秋天，隨風而飄到高山、大海。

我們真的有很多想法、有很多事可以做，例如前面提到的第二青春館，七十歲進去，出來的時候像三、四十歲，我不是開玩笑，因為賽斯心法本來就有返老還童、啟動內在超越時間的心靈。我們希望以後各式各樣的病人，甚至將來世界各地的人都可以到賽斯村進修、回來受訓。

把這種愛和賽斯的精神傳到全世界去，讓更多人能夠瞭解身心靈的觀念。這個世界越來越多人的生命遇到瓶頸，路走不下去，整個生活崩解，有的人婚姻沒了、有的人健康快沒了、有的人事業沒了，有的人看起來一切都很好，但是人生好像走進死胡同，不知道怎麼走下去。我們希望在這個過程當中，找到一條不一樣的道路，讓大家的生命有另一個新的出發點。

我要透過這些為所有人的未來打造一條希望之路，這一切聽起來很美好，但還是要在當下腳踏實地的做。每位來參加課程的同學都是心靈輔導員，將來都是我們的種子，先讓自己快樂、健康，然後盡力推廣身心靈的觀念和賽斯心法來幫助人，因為生活好不代表一定會快樂，這個世界需要的不只是吃飽而已，更需要心靈的喜悅，讓騷亂、痛苦的心得到安頓。我真的很希望大家一起來走這條路。

46-2

・心口不一的人，溝通時會跟外界產生鴻溝

剛才一位學員分享自己的肝腫瘤三公分，聽到他描述的內容，我們的心會往下掉，能夠感同身受，很心疼他。但同時眼睛看到的是他愉悅的表情、笑聲。我的意思是說，他永遠讓坐在對面的人得到兩種訊息，例如他說：「哎呀，我活不下去了，你來救我。」但他是用愉悅的口吻在說話，讓人以為他在開玩笑，其實他是說真的。

他越要表達真正的情緒和感受，越會用一種愉悅、不對稱的表情來敘述，所以永遠無法讓我感受到「合一」。我想幫助他，但看到他笑得那麼開心，會認為他肯定都沒問題，可是我心裡收到的訊息不是這樣。所以我在想，他這輩子跟周遭人的溝通應該常常交錯而過，明明他想傳達的訊息是心裡痛苦不已，非常需要對方，而人家感受到的卻是他展現出來愉悅的表情，那麼如何幫他、愛他？

我最近有個很奇特的心得，我輔導的一位個案是公認的冰山美人，長得很漂亮、很有靈性，讓人覺得遙不可及。後來我發現這樣的人內心其實非常熱情、可愛，只是外表讓人退避三舍，一旦靠近她，完全不是那麼一回事，私底下很黏人，依賴性強，既天真又活潑，但擺出來的姿態讓人覺得很冷酷，拒人於千里之外。

像第一位同學展現出來的樣子跟內心真正的樣子有落差，會導致自己跟外界之間產生鴻溝。別人又不是他肚子裡的蛔蟲，怎麼會知道他在想什麼。所以，我覺得如果要當他真正的朋友，得先通過一個考驗，就是跟他說話時把眼睛蒙起來，忽略他所有的表情、笑聲、毫無關係的訊息，甚至必須假設自己是他心裡的蛔蟲，因為從他那裡接收到的訊息跟他真的要給的訊息可能互相違背。

我相信跟他溝通、做朋友、當他的親人應該滿困難的。說實話，因為我不可能永遠猜中他真正的感受，縱使猜中了，他還會先給我畫一個叉，因為要試試看我是不是真的夠堅持我的對及我所看到的。他可能會對我連續畫兩次叉來跟我玩這個遊戲，這個遊戲很好玩，能破解很多密碼，可是等到第三次，我會說：「我不玩了。」因為繼續跟他玩下去很累，然後他就心碎了。當他真正的好朋友很累，要通過層層考驗，當他的親人更辛苦，因為他心裡很清楚明白，卻會故意放出煙霧彈，讓人一次又一次誤解，看看誰能在一次又一次的誤解之後，還願意相信他。

46-3

‧父母一定要盡早讓孩子知道他是無條件的被愛

我來複習一下賽斯心法，以前說過，如果身為父母，要常常讓孩子知道你愛他，不要讓孩子覺得他是因為功課好、表現好、會做家事才愛他，不要讓孩子覺得他是因為乖、會照顧弟弟、會跳火圈吞劍或不吵不鬧才愛他。如果沒有讓孩子知道這件事，孩子永遠不確定你對他的愛。

當一個人不確定自己是否被愛，就會衍生出這輩子所有的問題。不必管是被誰愛，地球上如果有一個人讓他覺得被愛這件事是百分之百確定的，那麼他這輩子大部分的身心問題都不會很嚴重。可是如果一個孩子對於被世界上的任何一個人愛這件事不確定，這輩子就麻煩了。

我常說，許多兒童會生病，是因為不確定父母是否真的愛他，孩子的過敏、氣喘，甚至更嚴重的白血病，有時候是媽媽或爸爸的情緒暴起暴落，愛的時候抱起來親，不聽話的時候馬上變臉，讓他驚慌失措，不確定自己是否真的被愛。於是會透過種種事件來考驗，像是小時候體弱多病、功課不好、跟人家打架記大過、懷孕被退學，長大之後得癌症、事業失敗，然後回到爸媽身邊，原因就是不確定爸媽的愛。

這是很多人內心未解的問題，內心多少都曾起過這樣的疑惑：「我功課不好、不出國念書，爸媽愛不愛我？」「如果我離婚了、做些丟人現眼的事、得癌症、事業失敗、給父母的錢沒那麼多，我還是被愛的嗎？」如果你告訴我，你很確定自己被愛，我會恭喜你。可是，我敢跟各位說，大多數的人會告訴我：「不確定。」他們知道自己表現好、事業成功、釣到金龜婿、給父母錢、不殺人犯法、不丟父母的臉，父母會愛他們，但是如果丟父母的臉，就不確定父母是否還愛他們了。

種種人生的痛苦、失敗和挫折都跟這件事有關，因為不確定是否被愛。我也說過，不要去考驗愛，很多人的潛意識都在玩真愛大考驗，用「我的事業沒了、老公沒了，你們還愛不愛我、會不會讓我回娘家？」這次過年看到一些習俗報導，女兒離婚了，父母初一除夕不給她回娘家，只准初二回來，就算到了娘家只能在門口，頭進去，腳不能進去。

父母的想法是：「妳是離婚的女兒，所以除夕團圓飯沒妳的份，初一拜年沒妳的份，只能初二回娘家。妳是嫁出去的女兒，離婚是妳家的事，我只把妳嫁出去，可沒叫妳離婚，誰准妳大年夜回來、准妳初一回來的，妳只能大年初二回來。」但這是女兒心中的痛：「我是你們的女兒，為什麼大年夜不能回家？我要去哪裡？」

百分之九九．九的人類，內心最深處對於自己是否被愛這件事，都打了一個問號，擔心如果去找個男人或女人鬼混，爸媽還愛我嗎？請大家盡快告訴小孩：「就算你隨便去找一個人鬼混，我很氣你，但我還是愛你愛得要命。」把對孩子的氣跟對孩子的愛，先暫時分開。或是告訴小孩：「就算你這輩子當流浪漢，我們都愛你，但是我只能給你我所能給的，不可能把我的積蓄統統給你，我還要留棺材本。」越快讓孩子知道你是無條件的愛他，在能力範圍所及來愛他，孩子這輩子就不會有問題。

請在座的每個人不要去考驗愛，要百分之百確定自己在這個世界上是被愛的，先建立這個核心信念，信念會創造實相，如此一來，就不必以書讀不下去、博士論文過不了、人生遇到重大挫折和打擊，作為回家討愛的理由。

46-4

‧一旦確定自己是被愛的，就會在周遭創造不一樣的實相

像之前有位學員事業非常成功，可是他得到肺癌時說：「許醫師，我不敢讓媽媽知道，我怕她不要我了。我覺得她需要我、愛我是因為我這幾年很成功，我會拿錢給她，萬一她知道我得肺癌，會不愛我。」由此可知，人到了五、六十歲，對於自己被愛這件事仍不確定。

我就硬逼他去跟媽媽溝通，結果他說：「我錯了耶，媽媽是真的愛我，不是因為我拿錢回家給她才愛我，如果我沒有拿錢回家，她也愛我。」我覺得這件事跟他後來肺癌好起來息息相關，因為他確定自己是被愛的，而不是賺了多少錢、有面子，才會得到父母的愛。

但很多人的想法是：「我一定要成功，賺到很多錢，父母才會要我、才會愛

我。」他們心中不確定，如果這個問題沒有答案，則這輩子身心靈的安頓都無法確定，就會一而再、再而三的碰到不如意的事，例如，時不時藉由讓婚姻失敗、人生崩潰、得癌症、事業完蛋，來考驗自己是否依然被愛。

今天我告訴大家，就是希望大家確定，不要以為自己是因為學術成就、社會地位、表現優異才被愛，那些都是幻相。只要確定生而為人，就是被愛的。對一切萬有來說，不會因為老鷹雄糾糾氣昂昂就更愛牠，而不愛麻雀，也不會因為大象體型壯碩就更愛牠，而不愛螞蟻，老天的愛無分軒輊。賽斯心法就是在說：「你不會因為表現得多好或多壞，而否定了你這個人的基本價值。」

為什麼我剛才說很多生病的人要獨處？因為要重新回到天地宇宙的懷抱，一切萬有沒有分別心，不在乎一個人有沒有離婚、是不是事業失敗、是不是得了癌症快病死，祂就是愛你。我們在這裡要告訴所有同學，請把這件事確定下來：「不管你成功或失敗，在內心深處都是被愛的。」越早確定這一點，所有的人生大問題就會一掃而空，因為有很多疾病和命運的痛苦都是為了考驗自己是否有價值、是否被愛。

請大家認真思考：「當我不夠好的時候，真的確定親朋好友還愛我嗎？」如果不確定，就表示要在這個地方下功夫。賽斯心法要告訴大家，不管從以前到現在的生命經驗是什麼，當下是威力之點，不要跟我說：「是真的，我考不好，爸媽就比較不愛我。」「我二姐嫁了有錢人，爸媽就比較喜歡她。」「我離了婚，他們除夕夜不讓我回家。」就算曾有過無數的經驗證明自己不被愛，而且必須表現得夠好才被愛，請在今天這一刻改變，相信「因為你是你，所以你是被愛的」。新信念進來，而信念會創造實相，這就是我們一直在學的賽斯心法。

如果要去考驗愛，那麼會考驗不完，因為根本就不相信新觀念會創造新經驗。請每位同學確定自己是被愛的，就會在周遭創造不一樣的實相，整個磁場就會跟著改變。

46-5

•認清現狀是為了創造實相

在賽斯心法裡，認清現狀是為了創造實相，有時候我會搖著同學的肩膀說：「醒醒吧，不要再做夢了。」這樣做的目的是要他先認清現狀，唯有如此才能絕地反攻。

例如有位生病的同學很想回去家裡，但我要她認清，第一、她回去有可能會活不下去；第二、全家人已經達成共識，根本不讓她回去了。如果她要回去的話，必須先認清這個現狀，才能再回去，而不是抱著虛幻的想像。但是，她可以創造回去的實相，也可以創造不是她活不下去，是婆婆活不下去的實相。

我教的東西是起承轉合，第一階段是「見山是山」，可是第二天我會說那根本「不是山」，然後同學就會疑惑了，到第三階段我會說：「是的，再看仔細一點，那是山。」心理治療有很多階段，就像我們的內心一樣，常常是在你發現不愛一個人之後，才能真的愛他。因為你能不愛他，你才能愛他。思念總在分手後，在一起感覺不到那個好，離開之後才思念對方曾經給的好，這是人性。

當我們的焦點不放在那邊，有時候還可以自我欺騙。可是一個人連自我欺騙都騙不下去，被迫要面對現狀，此時怎麼辦？如果焦點故意不放在那邊，某程度那會是一種解離，而有一種精神官能症就叫解離。我舉一個臨床上的案例，一位太太來過一次就沒有再來，後來是由先生和小姑帶來看診，症狀很奇怪，她突然發病，時間錯亂，比如兒子已經出生八個月大，她會回到兒子尚未出生前，這八個月是空白的，半夜起床時，其實兒子在保姆家，她好像有個幻覺在餵兒子喝奶，把先生嚇到了，這就是解離。

為什麼解離？因為她生了孩子之後，一直要求婆婆幫忙帶孩子，因為如果婆婆幫忙，她就可以讓孩子住在自己家，但是婆婆不肯，逼她去上班，於是她就去上班，把孩子放保姆家。後來有一天孩子感冒，她到保姆家看到記錄本，問保姆的女兒說：「我的小孩吃過感冒藥了嗎？」那個小女孩跟她說沒有，她就再餵一次。等到保姆回來說已經吃過藥了，這個媽媽發現兒子吃了雙倍的份量後，晚上突然歇斯底里的發作，自責為什麼沒有親自帶孩子，同時也恨婆婆為什麼只幫小姑帶孩子，不幫她帶。

她半夜發生解離，一下子完全忘了孩子是在保姆家，也忘了之前八個月都不是自己帶孩子。後來我跟先生說，她把焦點轉到了非常渴望這八個月是由她親自帶孩子，而把八個月來孩子給保姆帶的記憶抹掉，所以才會半夜起來餵孩子，可是手裡抱著的是一顆枕頭。那就是人的焦點轉移。

有些人為什麼一直被騙？因為焦點都放在對方說對的地方。所以一定要記得，你到底把焦點放在哪裡？如果老是只看到那個地方，就會不斷自我欺騙。以家暴個案為例，有的被先生打到顱內出血、肋骨斷掉住院，我們在輔導時請當事人先跟先生分開，可是她覺得：「他沒有打我的時候都很好，打完後會跪下來求我原諒。」她一直把焦點放在其實先生不是故意的，好的時候很好。有些父母對待孩子也是如此，沒有焦點，彷彿突然暫時失明。

在美國，每年將近四千人是死於家庭暴力，社工輔導這些案件很困難，就是因為焦點的問題。不見得一定要把他跟家人分開，而是要先接受治療、接受評估。

46-6

• 如果生命中所有重大決定都是妥協下的產物，很容易生病

剛才有同學提到大腸癌個案，我藉由這個案例來講一個很重要的輔導和治療技巧，因為我發現這一、兩年大腸癌患者很多，一般普遍認為跟吃有關，其實不然。

我問這位大腸癌個案的太太：「妳用直覺想想看，為什麼先生會罹患大腸癌？如果要朝某一個方向走，他就會好起來，妳覺得那個方向會是什麼？」那個太太跟我說三個字：「做自己」。大家都聽過「做自己」，可是對這句話的含義瞭解有多深？即使是知道，也不等於做得到，而做得到更不等於開心喜悅地做到。也就是說，做到了不代表事後不後悔，心中沒有反覆的衝突與掙扎。

我問那個太太：「做自己是什麼意思？」後來跟個案本人探討時，他告訴我，這輩子人生所有的重大決定都是妥協之下的產物，比如考大學時，第一年考不好，第二

年考上了，他不想念，爸爸說不行，沒有錢給他再重考，他被迫接受。念完大學本來要當和尚，父母以死要脅，只好作罷。後來結婚了，但不管是住的地方或很多事情，都不是他自己的決定。

請各位思考：一個人一輩子如果很多事都能做自己，按照自己的意思，那麼生命會有主要的力量。可是如果這個人很討厭住在板橋，又必須接受，或是很討厭當保險業務員，又不得不做，人生很多重大的決定都不是由自己作主，只是妥協之下的結果，這種人生會如何？

原來他太太所謂的「做自己」是這個意思。他開始發現，以前當主管時，不想當，人家逼他當，發生了事情，他不願意也被逼著同意。雖然工作做得不愉快，他不想離開，又被迫一定得離開。小時候家裡住鄉下，學區不好，必須到台北來，到台北要住親戚家寄人籬下，也不是他願意的。

他生命中所有的重大決定都不是自己的意念，而是妥協下的產物。那個妥協是因為周遭的人雖然不見得知道的比較多，但是意見很多，表達非常明確，反觀他的個性則是優柔寡斷，或是和平主義者，不喜歡爭論。我告訴大家，光這一點他就會得癌症。

我要大家去思考，每個人的內在都有一個次人格，如果人一輩子從來沒有真的按照自己的意思做自己人生主要的決定，而且每個決定都是妥協下的產物，這個人的內心會快樂嗎？老實說，每個人多多少少都有類似的情況，比如我大姐國中時，從雲林鄉下搬到北部，是她願意的嗎？她能做主嗎？不行。

• 有時候後天的人格是內在人格的反向

如果一個人知道自己的主見是什麼，周遭的人只是提供建議，從旁輔佐，那麼，他的人生會比較像是他自己的。可是我再說句實話，許多人很喜歡抹煞別人想做的決定，例如孩子跟爸媽說他要念某個科系，爸媽會說：「這個系不好，就業不易，還是念另一個比較好。」或是老婆想要住在某個地方，老公說：「不好，那個地方的房子怎麼會增值？我們買這邊才會增值。」

我們這輩子有沒有容許別人做他自己？有沒有勇氣為自己的決定堅持到底？如果人活了一輩子，生命所有的重大決定都是妥協下的產物，既不是自己所願意的，也不是不必考慮其他人，那麼這輩子活到後來，這個人生根本不是自己的。

例如婚後，成為太太、媽媽、先生、媳婦，在做每個決定時，真的不會妥協嗎？夫妻住的地方、要買的東西、週年慶要不要去購物，每個決定都是按照自己的主見去做嗎？如果從來都沒有按自己的意思去做，請問那個想要做自己的能量強不強？非常強。當能量出不來，後來就會變成憂鬱症或癌症。我要強調的是，當我們逐漸長大，人真的不容易做自己，有時要考慮父母、配偶、小孩子的意見，不容易彰顯自己的決定。

我跟那位得到大腸癌的個案說，我完全可以體會他的心情，因為我也有那個部分，我內在有一個優柔寡斷的自己，也有一個自己是我的決定很容易受人影響，但是後來我有另一個補償性人格，就是讓自己變得比較霸道。就像我曾經輔導一位個案很有趣，他根本是個優柔寡斷的人，本質上就是一個麻糬，結果他選擇當一個有稜有角的麻糬，我說：「你再怎麼有稜有角，你還是麻糬呀！」

有時候我們後天的人格是內在人格的反向，有的人裡面的自己安靜內向，外面的自己表現出活潑聒噪，有的人裡面的自己很聒噪，可是表現出來一副文靜的樣子。

所以我們後天表現出來的人格，不一定是原始的人格，經常甚至是反面，我們經常在玩這個遊戲。

46-7

• 在跟周遭的人互動時，要傾聽對方內心的聲音

我要引導各位去想很多問題，第一個是：「我的生命到目前為止，所有人生重大的決定是我自己的決定嗎？還是我一直在委屈、犧牲、妥協，顧慮著別人，而最後的結論及決定都不是我做的。」從這一點就可以檢視自己的憂鬱指數，檢視自己還想活多久。生命如果不能為自己做主，人活著還有什麼意思？如果不能做自己，憑什麼認為全身億萬個細胞必須替主人效力？不可能，因為身體是心靈的一面鏡子，一個做不了自己的人，細胞不會幫他維繫健康。

第二個：「在跟周遭的人互動時，是不是很少去傾聽對方內心的聲音？」這就叫所謂的控制欲，但有控制欲的人通常第一個反應是不承認，因為他會說：「我是為你好。而且你也沒有意見，反正這個你也不懂，聽我的就對了。」所以在輔導別人時，

最重要的是傾聽。我常常問個案：「如果不管你周遭的每一個人，不要管爸爸、媽媽、哥哥、姐姐、阿公、阿嬤，在完全不受影響的情況下，你想做什麼決定？我們再來討論看看。」

許多人壓抑到連這個聲音都不見了，只會回答「我怎麼知道」，內在真正的聲音出不來。所以我要請各位去問周遭的人，例如問配偶：「我是一個能讓你真的去做自己的人嗎？」我講過，夫妻當中通常有一個比較能做自己，一個比較不能做自己，後者容易生病、得癌症，因為能量出不來。這樣的人是我們講的C型人格，比較會壓抑、犧牲，為別人而活，在乎別人的意見，自己裡面的主見和決定統統壓下去了。

後來在輔導那位大腸癌個案時，我說：「許醫師跟你保證，如果從今天開始，你真的能實踐開始做自己，先把其他因素擺一邊，但是殺人放火不要做、員警會抓的不要做，只要回到這種狀態，大腸癌百分之百會好。」

請開始觀察自己是屬於哪一種人？是經常讓別人沒有聲音的人，讓周遭的人覺得：「沒關係，你幫我決定就好，因為我講了也沒用。」讓孩子說：「我沒有意見，媽媽決定就好，反正媽媽都是為我好。」還是你經常壓抑自己，讓自己變得沒有聲音，又或者其實你有聲音，可是為了避免衝突而讓自己沒有聲音？衝突就是聲音不一樣，例如一個想去高雄、一個想去台北，一個年假想回家過年、一個想出國玩，一個過年要吃外面、一個要在家吃。人從年頭到年尾、從早到晚總有無數的決定。

‧做自己是指能傾聽自己的聲音，找到自己的天命

在我家，我就是很調皮的人，今年我哥哥要從洛杉磯回來，我就跟大姐說，我一定要盡到地主的責任，哥哥當和尚，我到洛杉磯去，他都招待我吃素桌，我入境隨俗跟著他吃素。現在他到台北來，我是東道主，難道不必用我的習俗招待他吃一些鮑魚、龍蝦嗎？我準備的一定不是素菜，他想吃素自己訂，因為我去佛寺他也沒有幫我準備葷食啊！這就是對等，不要拿宗教壓我，宗教是你的宗教不是我的宗教，我們賽斯不是這個樣子。

我父母有時候看不懂我，有些地方我脾氣很好、很隨和，可是有些地方我拗起來，誰都拿我沒轍，因為我堅持要這樣。我爸常說：「如果不這樣做，你會怎樣？」我就說會死。所以我平常是個感覺很好相處的人，在家裡是老么，沒有意見，大家都

很愛我，可是一拗起來，他們也只好讓步。

我舉這個例子不太恰當，但是我要跟各位說，做自己不是每天跟人家吵架、跟別人鬥爭，而是能傾聽自己的聲音，一旦找到自己的天命，就是互助合作，就像《牧羊少年奇幻之旅》裡面講的一樣，當一個人找到自己的天命，全宇宙都會聯合起來幫助他。

當你傾聽內心的聲音做自己，不必跟別人一樣，就像交響樂團裡有很多種不同的樂器，不同樂器之間要取得平衡、和諧，沒有哪個聲音應該被壓下去。每個人都是一種樂器，必須發出自己的聲音。每個人都有想做決定的傾向和內在的聲音，那個部分一定得出來，跟別人產生愛的互助合作。

後來我跟那位個案說：「我不是要你去做自己，然後胡作非為，去跟每個人吵架，而是當你開始做自己時，能夠去協調溝通，而不是壓抑委屈。最好能表達自己的意見，跟別人充分討論。你的人生由你主導，別人扮演輔佐的角色，也讓別人的人生由他主導，你只是從旁協助。」

在夫妻關係裡，你是主樂器，配偶是伴奏。在親子關係裡，孩子是主樂器，父母負責伴奏。但是有些人明明是主樂器，搞了半天自己的聲音不見了，另一種人則是常常越俎代庖，應該要幫忙伴奏，卻讓別人沒有聲音，這就是所謂的控制欲。

我要大家去觀照每天在生活中怎麼做決定，如果從早到晚做了二十個決定，要問問自己：「其中哪幾個不是我真正的決定，而是妥協下的產物。」超過百分之五十的人就要注意了，表面上都是在配合別人，因為沒有衝突，所以不會有痛苦，可是內在會覺得不能做自己，於是產生無力感，犧牲、忍耐一輩子，到最後會出現一個聲音：「不能做自己，我還活著做什麼？」

回到我對那個學員的治療，我說：「只要你從今天開始對全身細胞宣誓，我再也不要通敵賣國、崇洋媚外，婚姻是婚姻，父母是父母，我要以自己內在的聲音為主，去創造我的實相。一旦對身體宣誓，你的健康就會回來。因為這樣的聲音出來了，細胞會知道這次主人是玩真的。」就像很多癌友跑來跟我說：「許醫師，我一輩子都是好人，為什麼會得癌症？」我說：「對，你一輩子都是好人，但你是濫好人。」

46-8

• 每到過年感受五味雜陳，面對內心的衝突矛盾就容易得到流感

在西方，流行性感冒大部分是在耶誕節前後，在東方則是春節前，因為人到春節前，心中的感觸都特別深。其實每次過年都是一種心情上的整理，這時是在面對過去，有些人是結婚後第一次過年，有些人是生小孩後第一次過年，有些人是某個親人往生後第一次過年，有些人是自己生病後第一次過年，有些人很慶幸自己又多活了一年。

我們常常從年頭忙到年尾，每次過年內心的感受五味雜陳，但不是每個人都常常在整理自己的心靈。人要經常回歸自己的內心，去看看內心裡的五味雜陳，看看自己的矛盾、衝突、掙扎。每次年關之前的感冒風潮，內在的訴求是什麼？首先是，「你累了嗎？」不是工作很累，而是心累了、倦了，有時候渴望的是一種休息，那個休息

不是下班後不工作的休息，而是一種心的休息，放下無形的責任。

此外，每到過年，要面對所有親情的矛盾、年終獎金的多寡。我最近輔導的一些個案，如果是老闆級的，就開始紛紛面對員工要求年終加薪、增加福利，種種的壓力紛至沓來，身為員工就很盼望著今年的年終加薪。我們的內心都有一種渴望被愛、被關心、被看見的需求，可是我們常常都忽略了自己的這個需求，於是內心有一個自己很孤單，渴望被瞭解、被關心。

但渴望被愛、被關心，渴望跟周遭的人關係好，這跟做自己之間有時候會不會有衝突？會。因為有時候我們讓人家以為好像做自己就是不顧別人，很自私，真的是這樣嗎？不是。經常都是我們自己內在的矛盾和衝突，尤其是心理層面的東西。

比如癌症、慢性病、身體的病痛，好像是不好的細胞在找正常細胞的麻煩，或是某一個疾病在找身體的麻煩，但是以身心靈的角度來說，身體的某一個部分、某一個器官絕對不會找另外的器官麻煩，因為身體永遠是和諧、愛的互助合作。但是人會不會找自己的麻煩、自我衝突、反制自己？會，例如今天要出去玩不煮三餐會有罪惡感，所以趕快把地掃乾淨一點，把午餐、晚餐準備好放在冰箱，讓家人拿出來加熱一下就可以吃。

我昨天在治療一個腎臟癌的病人，他有非常惡性的腎臟肉瘤，不到一年轉移到肝和肺，現在全身轉移了。他是位退休的男性，之前玩牌，最近一年輸了七、八百萬，後來又玩大家樂，這件事一直瞞著家人，在門診說出來，家人才知道。他跟我說，輸掉七百多萬時，一邊開車一邊想死。我開玩笑說：「恭喜你呀！你創造你的實相，白話叫做心想事成，你果然詛咒自己成功。」所以，他得到癌症奇不奇怪？一點都不奇怪，因為當他不斷賭博把錢輸掉之後，他就不想活。

我今天對一位強迫症個案說：「你希望別人看到你是什麼樣子？」他說：「高貴、乾淨、厲害、幸福。」我說：「你內心怎麼看自己？」他說：「懶惰、骯髒、差勁。」我們希望呈現給別人看的印象，通常跟內心如何看待自己相反。請各位問自己：「我希望人家怎麼看我，而我內心又怎麼看自己？」

後來我跟他說：「你希望人家對你的看法跟你對自己的看法剛好完全相反，難怪會有強迫症。」強迫症就是怕髒，不斷清潔。然後我說：「有些人家裡的沙發不給外人坐，也不讓外人坐床，他們那麼追求乾淨，其實裡面是覺得自己骯髒。」他說從小姐姐就嫌他髒，因為曾經有蟑螂從他的書包爬出來，我還沒有跟他說，我小時候還吐過蛔蟲呢，那一次我喉嚨很癢，一咳嗽就吐出一條蟲。

46-9

• 醫學和宗教經常都在散播恐懼的觀念

我還是要跟大家說，賽斯心法是要不斷學習，反覆咀嚼，才會成長，不管是學生還是個案，至少幾百個人來告訴我：「許醫師，我想了兩年，終於聽懂你兩年前跟我講的話是什麼意思了，可是我也氣了你兩年。」

如果同學手上有書和有聲書，不要聽過就放在一旁，要再聽一遍，第二次聽跟第一次又完全不一樣。賽斯書也是，第一年看跟第三十年看，體會不同，會逐漸加深，而體會越來越深時，就是所謂的漸修和頓悟。賽斯家族的修行最踏實，一步一步在漸修，大家一定要下功夫。

之前我們提到，賽斯希望我們去信任自己，可是太多的宗教和哲學強調人的本質是不好的。今天我才跟個案講了一個笑話，我說醫學和宗教經常都是在散播恐懼的觀念，因為人對身體會生病這件事越恐懼，就會越依賴醫學和醫生，也就是說，如果想讓人越依賴醫學和醫生，最快的辦法就是恐懼。

當年英業達副董事長溫世仁突然心臟病發作往生，那陣子心臟科的病人多了三成。每次一個重大新聞出來，醫院同類的病人就暴增，如果沒有那麼強大的恐懼，人怎麼去依賴醫學和醫生？所以，有時候醫學不是在散播健康的觀念，而是在散播人會生病的恐懼。

宗教則是散播對業障、冤親債主、死後下地獄的恐懼。本來宗教應該要宣達愛、和平與寬恕，可是後來很多宗教吸引人去信它，是因為教徒先接收了大量的恐懼。就像是一個很恐懼的人，要加入黑道，接受黑道的保護，我說過，青少年為什麼會加入幫派？因為被欺負，怕沒有人保護他。所有誤入歧途，加入黑道的青少年，感覺到的就是恐懼：「人家要傷害我、霸凌我，所以我要加入黑道尋求保護，我保護自己的方法就是比他更兇。」

很多迷信宗教的人或虔誠的教徒，多半是因為內心巨大的恐懼。現在的人有多少恐懼？生老病死、無常的、不幸、死後下地獄、業障、原罪等等的恐懼。面對恐懼時，才會真的明白那種感覺有多痛苦，有時候是自己生病，有時候是自己關心的人、所愛的人、在乎的人生病。我要說的是，這背後有多少的恐懼。

我明白很多接近宗教的人、虔誠的信仰者和教徒，其實都是因為內在有巨大的恐懼，所以每天在求佛、求菩薩保佑自己。如果沒有那麼多恐懼，為什麼需要那麼多保佑、門口需要八個壯漢站衛兵、需要那麼多保健食品、買那麼多保險？不只要看到外在，而是要看到內在有一個多麼恐懼的自己。

大多數人沒有去看到、解脫掉那個恐懼的自己，反而讓那個恐懼的自己無限加深，於是無限地向外求，求一個保護和保佑的力量。這是不是在玩相對的二分法？內在有恐懼，外在尋求保護和保佑，這樣不對。賽斯心法是要進入內心，把恐懼化解掉，沒有了恐懼，就不需要被保佑。沒有了危險，還需要被保護嗎？旁邊站著八個貼身保鏢的人表示，他在危險中，所以需要有八個人保護他。

過去很多人一輩子所學的東西，是到外面尋求保佑的力量，去尋求消災解厄、讓自己健康的力量。可是賽斯心法是打從內心，讓恐懼的自己根本不存在，然而很多的宗教提供了保護，卻同時也在散播恐懼的信念。

第47講

47-1

‧自私到了極致就是無私

很多同學經常在問：「賽斯思想是什麼、賽斯心法是什麼？」賽斯心法就是賽斯書所傳達的智慧，像我現在一邊講解，各位一邊融會貫通，就進入賽斯心法了。

（《健康之道》第三七五頁第五行）上次提到，我們這個世界很多觀念都非常負面，尤其是對潛意識抱著一種負面的看法。賽斯說，在這樣一大團負面假定之中，例如認為我們的內心不好、靈性是不好的、欲望是低級的，一個好而無邪的內我概念，就是相信「人的本我是很棒的」觀念，幾乎很不可思議。去鼓勵每個人信任自己的表達，顯得是魯莽的行為，因為每個人都相信，如果沒有法律、我隨順自己，就像打開了潘朵拉的盒子，所有人性中醜陋的部分都會跑出來。

再次的，對內我懷有這種看法的人。什麼叫內我？就是人真正的本質，比如，有些人可能會認為人的本質就是邪惡，或是人不為己、天誅地滅。今天門診有位同學就跟我說：「我告訴你，我是很有心機的人。」我說：「對呀，我知道你很有心機。」他說他很自私自利，做任何事如果沒有回收，根本不會付出。到了一個地方，會算一下自己能得到什麼、付兩百塊場地費能得到什麼、去見一個人對方會提供金錢嗎？

我發現那位個案每次到門診來，都是我請他吃糖、吃餅乾，今天還請他吃肉粽，我開玩笑說：「同學，好像每次你來，我都請你吃東西，你沒有請過我，你下次也可以回饋一下，好不好？」對他來說，覺得人就是自私自利，但是我告訴他：「我也自私自利，我藉由幫大家上課，自己也在深入賽斯心法，我幫助你們的同時，也在幫助我自己。」

我在演講時常說，大家都是一家人，這個世界如果更快樂，我到哪裡去都會很快樂。假設只有台灣有希望，那我一輩子就不要出國了，因為國外就是搶劫、殺人、戰爭，我出去也一樣是死，所以為了讓我自己好，我們大家一起好，這算自私自利到了頂點吧！

我跟他說：「我不但比你自私自利，而且我還去做出來了。我為了讓你好、我也好，把賽斯心法帶到美國、加拿大。所以，我鼓勵你盡量去自私自利，但是自私自利的極致就是我為人人、人人為我。我既為了別人，也為了我自己，這個世界每個人都對他自己好，也會對別人好，這樣哪裡不好了？」

我們這裡絕對不是對立，真的自私到了極致，就會知道：「我好，我的鄰居也要好，世界每個朋友都要好。只有我好沒有用，鄰居會來綁架我的女兒，離職員工會來勒索我。大家要一起好，大家好、我更好。」這就是我自私自利的哲學，很簡單，因為自私的極點就是無私，賽斯心法沒有分別心。

• 開始改變主觀心態，就會心生喜悅，永遠活在恩寵中

對內我懷有不信任看法的人，往往將同樣的概念投射在全部的自然上，以致自然世界顯得同樣的神祕、危險，並且有威脅性。土石、海嘯有危險，或是像以前有噬肉菌，一種會把肌肉吃掉的細菌，都讓人非常畏懼大自然。可是賽斯心法告訴大家的是：「大自然愛你，宇宙愛你。是因為你不再感覺到被愛了，所以活在恐懼的生命中；你不再感覺到自己是受到宇宙的恩寵，所以走到世界各地，飽受人們及大自然力

的威脅。」

賽斯心法說，只要確定不觸犯自然的罪惡感，不在言語和心靈方面侵害他人與自己，那麼就是活在愛與恩寵中，帶著被愛的心情，走到世界各地都沒問題。我到世界各地永遠平安，不會擔心海邊有沒有大海嘯把我吃掉、森林裡有沒有毒蚊讓我死掉，或是水土不服、痢疾把我殺掉，我沒有這種想法。

有人會說：「那是因為你傻呀！」但至少我到今天還活著。說這句話的人也許物質條件不見得比我好，心境上也沒有像我這麼平安。所以我們要帶給大家的是平安的心。

我常說，不是十二月二十四日晚上才叫平安夜，而是每天晚上都是平安夜。學過賽斯心法後，整個人都不一樣，不只是吃快樂丸，還吃了平安丸、喜樂丸，到世界各地都心生喜悅，因為只要沒有觸犯自然的罪惡感，就永遠活在恩寵中，不會時時刻刻害怕，感覺彷彿受到威脅，也不擔心天災會威脅自己的生命財產。

這其實是修行人追求了一輩子渴望達到的境界，我遇到一些老修行人，不見得達到這個境界。我走到世界各地，打從內心深處感覺到自己被愛所圍繞，被宇宙所恩寵。不管是靈性上的修行，還是事業上打拼，所有人最後想達到的就是平安喜樂。可是真的更有錢了，感覺更平安喜樂嗎？沒有。

我請大家建立一種心態，就是有一天突然發現銀行戶頭悄悄地多了一億，本來自己不知道，今天知道了，因為是一切萬有存進去的，要以銀行有一億存款的心情在活。很多人雖然比我有錢，但我是以銀行有一億存款的心態在活，他們沒有這個心態，請問誰比較快樂、聰明？我不見得提領得到、動用得到，可是我的心態不一樣。過了十年，我已經享受了十年銀行有一億存款的生活，他們沒有享受到。

銀行的一億有如宇宙給我的有價證券，隨時可以轉成現金，看起來好像很虛幻，卻很實際。這個心態建立一天，我就一天喜悅。當下的心境才是最真的，無中可以生有，意念可以創造實相。

請大家明天醒過來，想著戶頭多了一億，可以是一億的友誼、一億的親情、一億的愛情，也可以換成等值一億的金錢。以最實際和最心靈的說法，這兩個想法都成立。一旦有了這個心態，就不再是窮人，心態很重要，意念、思想、情緒創造實相，越建立這樣的心態，就會發現原來過去的心態也是如夢似幻。有的人銀行裡只有五萬，每天過得很豐富，也有的人有五十萬、五百萬，卻每天擔心害怕，這是主觀的心態影響了自己。

我今天教大家的是最究竟的賽斯心法，從改變主觀心態開始，但不是自我欺騙，而主觀的心態會創造客觀的實相，命運就此會改變。

47-2

‧越抗拒內心自發性的人，越會用理性壓抑感性

（《健康之道》第三七五頁倒數第七行）以政治的說法，這種不信任內我的人也尋找強烈的權威團體或政府，強調法律和秩序在公正或平等之上，就是比較冷血，一切要公正。而傾向於將社會較窮、處於較不利地位的成員，視為充滿衝動、危險，永遠準備革命的，例如三K黨、黑人、墨西哥人、東方人都被視為這種衝動危險、永遠準備革命的亂源，覺得非我族類，其心必異。

有這種信念的人相當常會過度訓練他們的身體，每天一定要慢跑三小時，或是花八小時舉重、練氣功，鍥而不捨鍛鍊身體，任職警衛，或以某種方式設定自己去控制他們的同胞。這種人喜歡發號施令，要別人按照他們的意思，因為他們都有這種傾向，結果別人會被捲進去，受到強烈的影響。剛開始彷彿會有一種認同感，可是又覺

得不自由，這也是我們這裡不一樣的地方，我們有強烈的中心思想，但又很自由，因為我們尊重每個人，不強迫任何人。

賽斯並不是說，所有的警衛、軍隊或不論什麼的成員，都落入那個類別，他不是一竿子打翻一船人。不過這種人將傾向於朝向一個極為有紀律的生活，為什麼要極為有紀律？因為要壓住內心潘朵拉的盒子。生活規律，幾點起床、吃飯、午睡，不能打破他的模式，什麼時間做什麼事都規定好，非常理性。

我說過，這種人容易得什麼病？肺癌。很多肺癌的人都很有紀律、很理性，做事情一定要這樣做，不能那樣做，他們用理性來壓抑自己的感性，所以無法讓內在很多的自發性出來，不容許自己懶散、無紀律、漫無目的，不能睡到自然醒，也不會心血來潮去做一件事，凡事一定要有計畫。

這些越抗拒內心自發性的人，越會規定自己。大多數人都在規定自己和規定不了自己之間掙扎。一般人會覺得：「我好失敗喔！都規定不了自己，每次要嚴格規定自己每天運動五小時，都做不到。」有時候做不到是好事，做到了才慘，因為做到了，表示完全壓抑了內在那個自發、想偷懶的自己。而且這樣的人不但活得辛苦，旁邊的人更辛苦，因為他們嚴格的掌控自己，永遠看不慣身邊的人為什麼做事沒計畫、事先怎麼不想清楚、明明可以這樣做為什麼要那樣做。

• 生活太有紀律的人，就要處理許多突然爆發的健康問題

在思想上掌控自己的人，就變成極端的思想主義者，他們會說：「書本明明是這樣說，你那樣講不對。許醫師明明說要分段睡眠，現在兩點了，你趕快去睡覺，不能不睡。」但我們說的是一般而論，不是要大家嚴格遵守。

我是個最懶散的人，但我們的課我的出席率最高，其實這不是來自於紀律。我是個看起來最有紀律的人，可是其實最沒有紀律，你看我做起事情來最沒有方法，可是我是最有方法的。

就像這裡提到，很多人使用很多的紀律，無法放鬆自己，但細胞像關在籠子裡的野獸，關久了會叛變，因為苛政猛於虎，太有紀律的人，不容許自己越雷池一步，活得很辛苦。

這種人將傾向於朝向一個極為有紀律的生活，他們許多的健康問題都將處理爆

發——內部的潰瘍、皮膚發疹，或非常明確的精神與情緒上的爆發。像剛才同學分享，內部的胃潰瘍像火山口一樣爆發、冒血。有些人平常都很健康，一發現竟然是末期癌症，這就是一種爆發。

如果碰上急性爆發的疾病，就要想一想，是不是陷入了經常讓自己太有紀律，而一段時間後又完全失去紀律的循環中。例如要採取一項計畫，很嚴格的做了半個月，就無疾而終，如果是這樣，有時候我覺得還不錯。最擔心的是那種為了紀律而紀律的人，例如我說要少量多餐，結果同學跟朋友去吃法國大餐，就跟服務生說只上前菜和麵包就好，因為許醫師說要少量多餐，其實一餐吃飽一點不會怎麼樣。我教的是原則，不是發給大家「教主寶訓」，要所有人從第一條背到第十二條，我希望大家有這樣的智慧，然後靈活運用，賽斯心法不是死板板的東西。

47-3

‧正常人本來就要有情緒表達的正常範圍

（《健康之道》第三七五頁最後一行）以及，由於平常遵守紀律的行為模式，而更為顯著的力量與脾氣的大爆發。有的人平常脾氣都很好，怎麼激都沒有用，最後一下子大爆發，這就是因為他們平常告訴自己要很有紀律，結果累積一段時間就爆發了，尤其是躁鬱症病人。今天有位躁鬱症病人來找我，他躁症發作時，誰都不怕，敢跟全世界為敵，我的門診護士小姐被他罵到臭頭。可是現在慢慢變成鬱了，膽小得要命，對誰都怕，因為他一直在兩個極端擺盪。

我告訴他：「其實別人沒有你以為的那麼可怕，你自己也沒有你以為的那麼膽小，要去整合。」躁鬱症就是憂鬱一段時間後，突然變成躁症，這跟爆發是同樣的意思。

在大半這種例子裡，都缺乏一種情緒表達的正常範圍，這是賽斯心法的關鍵。胃潰瘍的人常常是一字不說、要說就說一大堆，或者平常都沒事、一出事就大出血。這就是平常假裝當好人、裝沒事、修養好，喜歡說好話、做好事，結果狀況一來就來的很快，因為正常人本來就要有情緒表達的正常範圍。

舉例來說，這種人常常覺得極難表達愛、喜悅或感激，甚至是不滿，他心中非常感激，卻說不出口，或是心裡很氣，但只是擺張臭臉，不會多說什麼，缺乏一個正常情緒的表達範圍，於是開始壓抑和累積，最後是爆發，例如情緒爆發、皮膚疹子爆發、胃潰瘍爆發或猛爆性肝炎等急性病。

這種人常常覺得極難表達愛、喜悅或感激，而這缺乏表達被別人視為理所當然。像有同學跟我說：「許醫師，不要再逼他了。」我說我就是要逼他，因為我是在治病。

• 承認自己的負面情緒，但不能用負面情緒去傷害別人

他們看不清實情，卻反倒認為那人只不過是謹慎而已。這些人會說：「我只不過說話謹慎一點、表達情緒含蓄一點、怕得罪別人、怕別人誤解我。」他們有一大堆

理由和藉口。我常常說，在我們這邊開心就大笑，悲傷就大哭，如果能容許情緒自然表達，就不會壓抑到某個時間爆發出來，這麼一來，周遭的人也會很清楚怎麼跟你相處。否則表面上在生氣，說不定心裡在鼓勵對方，看起來開懷大笑，心裡搞不好怨恨對方，這樣別人怎麼知道你的情緒、怎麼跟你相處？當別人不知道時，那你就更怨了。

這裡提到情緒表達的正常範圍，我們對一個人有意見，的確可以表達情緒，比如，某甲跑到我面前說：「許醫師，你要我表達情緒，我討厭你。」但是我會跟他說：「是。你的情緒是你的，你可以有討厭我的情緒，不代表我是個該被討厭的人。」他能用討厭我的情緒來傷害我嗎？不能，他說討厭我，我會說：「那是你的事，祝福你討厭的快樂。」

所以可不可以討厭別人或愛別人？可以，那是我們自己的事。我可以在心裡說「某人去死」，但是他不用去死。因為我可以有那樣的情緒，那是我的情緒，我可以表達，但不是去傷害別人，他沒有必要承受我對他的負面情緒。如果一個人說他討厭我，我會說：「我聽到了，謝謝。」就這樣，我不需要承受他對我的討厭。可是他也得承認他有這種情緒。

每個人都可以承認、接納自己的負面情緒，可是不代表可以用負面情緒去傷害別人。我常常說，可以去山上喊：「去你的王八蛋！」這麼做沒有傷害到任何人，只是把對別人的負面情緒宣洩出來，但是不可以跑到他的辦公室門口，指著他破口大罵。

在跟人溝通時，可以告訴對方我有這個情緒，但不代表對方應該要承受我的情緒，也不代表我不能有這個情緒，要分得很清楚。表達情緒指的是對自己誠實，一個媳婦可以討厭婆婆，那是一種正當的情緒，沒有犯法，可是這個婆婆是不是個很討厭的人呢？因人而異。對媳婦而言，她婆婆是個該被討厭的人，但對別人而言可能不是，我們都要很清楚，情緒是自己的。

47-4

‧若相信內我是一窩混亂的衝動，就無法正常表達情緒

（《健康之道》第三七六頁第七行）次要人格及精神分裂的插曲也多少具有這種特徵，精神分裂的人常常有個特色是無法表達正常的情感，躁鬱症的人也是一樣，躁症來的時候，情感過多，愛你愛的要死，鬱症來的時候，一點情緒都沒有，就掉下去了。

當矛盾信念被阻積起來而被抑制，再次地出現為突然的爆發行為。本來很好，會突然變成精神分裂爆發，躁症、憂鬱症爆發，或是身體疾病一下子爆發出來，急性的病症都跟這個有關。

當人相信內我，他的內在自己、本我及本性，真的是一窩混亂的衝動，那麼，一個人就變得越來越不可能表達正常範圍的活動了。如果一個人覺得內心是一窩衝動，

他會讓內心一窩衝動出來嗎？不會，他會有紀律、修飾，用更多的紀律來框架自己內心那一窩的衝動。他只能思考，任何的一時衝動都沒機會，更不用說把一時衝動變成了一直衝動。我們這邊不但鼓勵一時衝動，還鼓勵一直衝動，一時衝動可能會犯錯，沒什麼了不起，需要一直衝動下去。

如果無法表達正常範圍的活動，那人隨之覺得了無生氣，且與工作及家庭脫了節。我們這個世界有太多憂鬱症的人，所以佛洛依德式的心理學製造的憂鬱症比醫好的憂鬱症多太多了。

因為現在的心理學是科學取向，附屬於科學，所以心理學是建立在人的內我和無意識是混亂的，就像科學把有秩序的宇宙建立在無秩序的原子和分子上，於是心理學提倡行為控制、認知，希望透過一連串的制約，去壓抑和規範無意識、潛意識內心一窩混亂的衝動，因此心理學製造出來的心理疾病比醫好的多太多了。

心理學反而引導人更遠離內心本我的秩序和自發性，其實自發性知道自己的秩序在哪裡。如果心理學沒有跳脫科學，越發展只會越慘，醫學也是一樣，因為醫學也是科學的一支，而科學的最根本就是信奉一切的底層是混沌和混亂。人就是來自一團混亂的情緒，才需要戒律、框架。所以我才會說，我們這裡是新文明的發源地。

今天有位台大婦產科醫生來我的門診跟診學習，他已經是第一年住院醫師，我跟他說明這種觀念，他一輩子沒聽過這種理論，他發自內心地說：「學長，你講得很有道理，可是醫學院七年沒學過。」我說：「對呀！你學過的我都學過，我現在學的你沒學過。」我說新文明就是這個意思。

我們這裡不是小寇，是大賊，不是小作亂，是革命家，真的為這個世界帶來嶄新的文明和思維方式。舊文明會慢慢崩解，過渡到另一個新文明，否則未來的路很難走下去。

47-5

・身心靈健康三大定律

我上週去參加一個研討會，由高雄縣衛生局保健科主辦，真正的對象是全高雄縣的三十二位護理長，我開始幫他們上身心靈的觀念，提到賽斯身心靈觀念三大定律：第一定律是人本來就應該要健康，不應該生病。光是這一點，跟主流醫學就不一樣，主流醫學說人隨時等著生病，要預防疾病。

第二定律：人體本來就擁有偉大的自我療癒力，我們所有追求身心靈健康的方法，不管是爬山、游泳、開朗，都是在激發身體自我療癒的力量。我常說，如果這個定律不存在，我們台南的一位同學也不可能在七個月內讓自己從末期癌症好起來。另一個例子是嘉義罹患末期胰臟癌的同學，本來最多剩三到六個月，可是因為走上這條路，中醫、西醫、有機飲食都沒接觸，靠啟動身體的自我療癒力而痊癒。

我們竭盡所能，就是要讓大家啟動自我療癒力，一旦發動了身體的自我療癒力，就沒問題。說實話，我今天敢大聲說這樣的話，是因為有理論基礎，也有同學實際的案例。

第三定律：身體是心靈的一面鏡子。一位高雄癌症團療同學的例子，他最近回台大檢查，原來的腫瘤變化不大，但是醫生說，旁邊兩個小點好像是新長出來的，他又崩潰了。後來那天團療大家討論，每次要回去複檢和看報告時，內心多麼恐懼，嚇到不成人形。

高雄另一位同學一檢查也是末期肺癌，他想：「難道我會活會死是由檢驗報告決定的嗎？」醫生跟他說剩兩個月，他問醫生有沒有人可以活下去的？醫生說沒有。因為醫學有本位主義，只看到他們看到的例子。這位同學現在是第四個月，沒有做化療，在吃標靶藥物艾瑞沙，他以前開聯結車，我還跟他說可以去賽斯民宿幫大家開車。那天我們在台南辦完活動，他從台南開車把我載到高雄，他開玩笑說：「許醫師，會不會有點怕？」我說有什麼好怕的！

• 新時代的醫學觀與當代醫學的差別所在

現在全世界一流的醫學觀是檢查身體，超音波異常、數字不對了，回來修理身體，切割、給藥、照放射線、化療。我正式宣告這樣的時代過去了，各位要有心理準備，新時代的醫學觀不是以這種模式操作。賽斯心法健康第三定律身體是心靈的一面鏡子，身體出問題了，要回來看心靈、情緒及生活方式，問自己：「活得開心、有意義嗎？」但是不要忘記第一定律，身體本來就應該要健康，還有第二定律，身體本來就有偉大的自我療癒力。不但身體有偉大的自我療癒力，心理、心靈也有，靈就是內我，身心靈三者都有自我療癒力。

所以身體是指標，我們努力對了，身體就會好，這就是我們身心靈跟目前整個世界文明對身體看法的差別所在。有人會說：「許醫師，你的意思是說，賽斯心法的身心靈觀念優於現在全世界的主流醫學嗎？」我不去爭辯誰對誰錯，只問哪個行得通，這很實際吧！當然我心裡覺得是對的，所以才會提倡。我讓大家看到，台灣和美國一流的醫學說些什麼、我說的跟他們有沒有不一樣、我們做到的跟他們做到的有沒有不一樣，我用實例來證明就夠了。

舉例來說，有一次某國舉辦太空博覽會，各國都使出各種花招，到了美國展覽區，空蕩蕩的，只放一顆月球上的石頭，意思是美國什麼都不必展覽，他們的太空科技就是能把月球的石頭拿給大家看。我現在是如法炮製，不必講對錯，讓大家看到就好。

身心靈這條路上，身體是指標，到最後會內觀。這裡酸、那裡痛，身體哪裡不對勁，自己會知道，即使做了檢查，醫學報告也只是回來佐證身體現況，可是要去修理身體嗎？修理身體的醫學全世界都在走，有比我們更好嗎？沒有，依然恐懼害怕。我們現在是回來進入心靈，因為肉體是心靈的一面鏡子，心靈改變了，肉體的自我療癒力被激發了，肉體會完全恢復。

現在的醫學系統看到身體、資料、影像不對，就回來修理身體。這種看影像和抽血資料回來修理身體的邏輯和做法，是更失去對身體的信心。每次回去修理身體，就會開始害怕：「我身體哪裡有問題、有沒有復發、長大、轉移、要不要修理？」

很多同學去做檢查，檢驗報告出來之前先嚇個半死，出來後發現不對勁，整個信心就崩潰了，而信心一旦崩潰，怎麼醫都沒有用。即使做更多的治療、化療，回去醫院檢查結果更糟，信心又更崩潰，再進一步接受治療，一直不斷惡性循環之下，最後在治療當中痛苦而死。

以目前我們的醫療系統，有時候治療是不歸路，但不是每個人都如此，有的人去醫院，醫生會增加他的信。增加了信心，治療就會有效，然後看到指數進步，接下來的治療更有效，於是信心又大增，最後痊癒了，那是因為心靈的部分解決了。心靈、信心的部分解決了，才會有用，這是最重要的關鍵，但我們的醫學常常沒有抓到這點。

47-6

• 生命是神聖的過程，要禮讚自己的存在

肉體出問題，就要回來看心靈。第一、相信身體會自我療癒；第二、相信心靈的障礙掃除後，肉體也會自己好。看看自己抱持的信念是正面、積極、樂觀嗎？

去醫院修理身體，是醫生修理，這樣你不會有力量，因為不是自己修理身體，就會產生無力感，也不能確定別人會怎麼修理。而如果是以身心靈的方式，不管是透過書籍、有聲書、老師或心靈輔導員，幫忙找到你的力量，此時力量在自己身上，你自己心靈的力量啟動了，肉體的力量又加強了，這是個正向循環的過程。因此，如果身體出問題，表示心靈、生活、努力的方向不對，隨時可以更正，而且力量在自己手上，這兩種模式截然不同。

我要告訴大家，我們正在做一件偉大的事，用有智慧的思想來改變這個世界，我

們正在形成一個新文明的範型，為人類未來的新文明開創一條路。每位學員都是我們的心靈輔導員，也都是志工和推廣者，一旦進入這個思想和理念，要盡可能讓更多人知道和受益，改變世界就從你我開始。

所以，我有一項很偉大的任務，就是把各位變成偉大的人。在這裡不只是許醫師偉大，每個人都會變成偉大的人。我們第一次讓所有的人類真的感覺到自己存在的偉大，從日常生活開始腳踏實地。像我就跟一位同學說：「你說找不到你的意義，不知道為什麼要活下去，那你回溫哥華時帶一些書回去，開始認為自己在做一件偉大的事。一旦一個人覺得自己的人生有了偉大的使命及重要的意義，知道自己為全人類偉大的未來奮鬥，整個內在的心境啟動了，癌症絕對不會復發。」

太多人在自己的人生中，可能為了自己，頂多為了家人，過得自私自利，可是也不見得活得多好，生命沒有找到很強大的意義感，覺得自己很卑微，人的精神、靈魂沒有被給予一個偉大的元素。就像賽斯說的，生命是神聖的過程，要禮讚自己的存在，覺得這輩子這樣活著很棒，對自己、對家人、甚至對全人類都有一定的貢獻。光是活在這樣的心境中，就加持了全身的每個細胞，等於告訴全身細胞說：「你們好棒，我們共同為生命的偉大而努力。」那個偉大並不遙遠，都是舉手可得的。

如果一個人發現正在過著屬於自己偉大的人生，為了自己、周遭的人及這個世界，有個意義非凡的使命，就同時提供了全身細胞偉大的特質。如果一個地區的人民覺得自己的國家很偉大，人民很偉大，他們每個人是用什麼心態活著？快樂、自信、喜悅，然後將這種感覺帶給自己、帶給別人。這個世界越來越多人越活越悲觀，不認為自己的存在有意義，活不出生命的價值，單單只是活著，卻不知道為什麼活著。所以整個身心靈的觀念、賽斯思想，開始給各位不一樣的含義，讓你在人生當中有種不一樣的感受。

47-7

・內心的衝動是無形的靈魂和有形的肉身之間自然的連接物

我跟很多同學說，我們做的這些事情是為人類文明開啟新希望，因為過去這個世界舊的思想已經受到局限，所以人類整個遇到瓶頸，整個世界不見得過得下去。我常常覺得我在做的事是為人類將來一、兩千年的文明奠定基礎，為未來的社會發展建立一個開端。而目前的觀念、醫學只是讓整個世界的人越來越絕望，這不是我們這裡的精神。如果一個人有這樣的體會和精神，就會讓自己好、周遭的人好，整個世界都好，存在的意義會不一樣，我要把這樣的心境帶給各位。

賽斯在《個人與群體事件的本質》中，說到每個人內心利他性的衝動，內心的衝動就是無形的靈魂和有形的肉身之間自然的連接物，如果開始傾聽內心的聲音，甚至用頭腦去瞭解，跟隨內在愛的衝動，那麼不管遇到了多少瓶頸或多大的困難，每個困境都可以解決，每個問題都有答案，內心都有一個聲音要帶領我們衝破困境，這就是偉大的實習神明。

我要開啟整個人類偉大的實習神明新文明，讓地球上所有人開始覺察到自己存在的偉大。一個覺得自己存在是偉大的人會去做卑劣的事、會去傷害別人、殺人放火嗎？不會，就像一個有榮譽心的孩子不會去做不榮譽的事。現在整個人類需要重新認識自己。

沒有人是低級、卑微、渺小無能力的人類。但我也不是要各位去做超出能力範圍的事，不是趕快回家把內褲穿在外面變超人，賽斯思想不是要大家去達成遙不可及的夢想，而是從自身所在之處，從現在的自己開始，連一個在廚房的家庭主婦都可以改變世界。所以我才說所有的學員都是新人類，將來會把這樣的新思想、新觀念帶到全世界，讓周遭跟你接觸的人都獲益，生命都會改變。改變世界，從你開始，我只是後盾。

當我用這樣的角度看待我們現在學的這些，真的覺得整個生命不一樣了，光是「你是你自己」，光是覺悟到原來內心的衝動是無形的靈魂和有形的肉身之間的連接物，就開始成為一個腳踏實地的理想主義者，只要跟隨內在英雄式的自己，就能利己利人。

新時代的思想永遠不要大家犧牲小我完成大我，不是犧牲自己成全人類，而是你好，世界跟著好，你首先獲益，這個世界跟著獲益。所以我們要大家學習的是：第一、深入瞭解賽斯思想、身心靈的觀念；第二、用在自己身上；第三、讓周遭的人跟著獲益。像我到紐約、多倫多、洛杉磯去也是一樣，我說我帶來的是新文明、新希望，要引導大家從不一樣的思想及觀念開啟不一樣的人生，因為原來的人生走不下去了，就像醫學也是如此。

早上我跟醫院的心理師和實習心理師開會時說，我就是來宣導新的醫學觀、新的身心靈觀念，以往看資料修理身體的醫學碰到瓶頸了，只是讓更多民眾更害怕，更失去對身體的信任，而今天我們要宣導的身心靈觀念不一樣，是身體出現問題，要回去看心靈的障礙，身體本來就不應該生病，肉體本來就有偉大的自我療癒力，我們很多同學已經慢慢走出那一條路了。

47-8

‧表達是生活的必要部分

（《健康之道》第三七六頁倒數第七行）表達是生活的一個必要部分，人活著就是為了表達，表達是一種行為、思想、動作及展現。生命就是為了表達，如果來到地球不需要表達，那麼為什麼要有肉身？肉身就是我們的靈魂在地球的表達工具，所以人就是要行動，不管是什麼樣的行動。思想也是一種行動，行動是一種會動的思想，思想和行為都是一種行動。

每個人在生命當中都在表達，每個人都感到那驅策力。我剛才提到每個人內心的衝動，比如一早醒過來，有去散步的衝動、想吃西式還是中式早餐的衝動、想去看電影的衝動、打電話給朋友的衝動、想來上課的衝動、下課後突然想去公園坐五分鐘的衝動。整個生命是受到什麼東西驅動？衝動。生活中每分每秒都被內在的衝動所驅動，那個衝動就是無形的自己和有形的肉身之間自然的連接物。

當肉身的自己在地球生涯遇到困難和痛苦，無形的靈魂會透過衝動傳送解決之道，可是有時候人越來越活在頭腦層面，開始不信任衝動，覺得衝動無厘頭。賽斯的觀念不是這樣，他說衝動是來自內在更深的智慧，必須好好看待衝動，生命才會有出路。

當一套僵化的信念威脅會使行動顯得無意義時，那麼另一套被埋葬的、壓抑的信念可能浮出檯面，提供新的推動力，正當需要它的時候，但也形成一個帶有那些與主要自己的特質幾乎相反的特質的次要人格，賽斯這裡講的比較像精神分裂的人。

• 政治只不過是每個人心靈政治的投射

我最近又延伸出一套很有趣的學問，像現在的兩黨政治，執政黨跟在野黨鬥爭，而人的性格中也有兩個在衝突。賽斯心法說外在世界是內心世界的投射和顯現，政治局面是每個人內在心靈政治的投射。雖然我從來不投票，對政治、政治人物沒興趣，可是我是個偉大的政治家，因為我要幫助各位處理心靈政治。

每個人內在都有一個主要的人格、一個衝突的自己。做了每個決定後，有時候心中的反對黨在臭罵，例如要結婚還是不結婚、要離婚還是不離婚、要工作還是不工作、要做決定還是不做決定？內心有很多矛盾衝突。每個人內在也有兩黨政治，內在主要的自己跟次要的自己鬥爭有多厲害，我們的執政黨跟在野黨鬥爭就有多厲害，政治只不過是每個人心靈政治的投射。

此外，現在人民的聲音越來越強烈，單一的民眾敢去絕食抗議，要發動百萬連署，要總統下臺。單一民眾展現力量，這在過去是不可能看到的，領導者要傾聽人民的聲音。就像我每天教大家要傾聽內心的聲音，內心每個細胞都是你的人民。你是個好領袖還是差勁的領袖？一個領導者違背了廣大的民意，會被民眾推翻。如果一個人執著太多、痛苦太多、信念太僵化，所過的生活不是內心要過的生活，人生方向違背了內在廣大的民意，在這種差勁的領袖領導下，細胞會抗議，不是生病就是癌症，而且情緒會常常激動不安。

像我們台南有個同學念台大電機所，結果不喜歡電機，要當中醫師，另一個同學醫學系畢業了不要當醫生，想去念航太科技。如果人生的方向違背內心廣大的民意，就可能心靈波動不安，或是細胞突變抗議。反應在個人的健康就是細胞集結動亂，那就是癌症，癌症威脅要推翻政權，可是現在用的是什麼方法去鎮壓？化療、開刀、放射線。

我們這邊身心靈療法要各位的頭腦及自我去傾聽內心的聲音，改變生活、思想、情緒，如果心靈平靜，就會身心風調雨順。這種身心靈哲學觀適用於健康、個人的生活及治國平天下。由此可知，現在全世界的政治都一團亂，原因不在於政治，在於人心，因為整個人類的心靈政治開始動亂了。

‧每個人都要傾聽內心的聲音，就像國家元首要傾聽民意

人內在的光明面與黑暗面有沒有矛盾、性格裡面的保守面和改革派有沒有衝突？有，性格裡的兩個自己在作對。如果人民內在的兩個自己互助合作，不是互相攻擊，而是互相給予對方愛和支援，我們整個政治會改變。如果能傾聽內我的聲音、傾聽內在廣大的民意，生活作息不違背本我、內心的衝動，就會風調雨順，身心平衡，情緒開朗喜悅。

我透過這樣的觀點，把整個台灣政治看得一清二楚。原來政治不是政治，物質世界只是偽裝系統，原來所有外在發生的都是內心世界的投射，大宇宙是小宇宙的顯現，我們共同創造我們的實相。我把整個最深的心理動力學演繹到執政黨跟在野黨的互動，演繹到執政的首領跟人民之間的關係，就像你跟身體細胞的關係。

若回歸到每個人的心靈，兩個衝突的性格必須要整合，不再矛盾。比如，想要做一項決定，可是另一個自己不但攻擊自己，還惡意傷害、批判、責備自己。我們一直說要自我疼惜，如果一個自己能疼惜另一個自己，那麼執政黨就可以疼惜在野黨，在野黨就可以用愛回饋給執政黨。

要傾聽內在每個細胞的民意、本性、內心的聲音，不再媚俗。媚俗是指例如孩子只想念台大動物系，可是有的父母因為社會觀點逼他念台大電機系，這樣的父母枉顧孩子內心真正的人生方向，逼孩子去走一般認為有前途的科系和道路；或是有個女生明明愛某個男生，可是對方家世不好，在父母心目中不夠格，於是她最後違背內心，嫁給了一個醫生，因為父母說醫生比較好，結果一輩子痛苦。那個醫生真的愛她嗎？不一定，也許醫生是看上女方的家世，以得到他要的利益。我常說，任何事情都要付出代價。

心靈政治要我們去傾聽內心，不要做違背自己的人，如果內在的兩黨政治和諧，跟內在廣大的民意和諧，就會風調雨順。對一個領袖來說，傾聽內心的聲音就是傾聽人民的聲音，如果執政的方向跟人民的聲音不一樣，結果不是下台就是動亂。個人也是一樣，不傾聽內心的聲音就會造成情緒身體動亂、荷爾蒙失衡。

第48講

48-1

• 跟性有關的扭曲思想導致了所有跟性有關的疾病

（《健康之道》第三七六頁倒數第四行）賽斯想討論與性別及健康有關的自發性，或缺乏自發性，賽斯很鼓勵自發性。我說過，心臟是醫院規定它跳還是它自發的要跳？它自己要跳。身體健康來自於自發性，因為人所有的生理活動都是自發性，如果不能信任自發性，身體健康一秒鐘都維持不了，可是到後來的人生哲學是建立在不信任，如此一來，怎麼會健康。所以，請各位建立一個信任自發性的哲學。

所有剛提過的負面信念，或多或少都觸及了性別。那些有著剛提過的負面信念的人，往往將性想做是獸性的、邪惡的，甚至是可恥的。很多社會大眾還是這樣認為。我舉例說過，一位太太在禮佛，先生說：「來嘛！好久沒有在一起了。」太太就很生氣說：「在佛祖面前不准說這種話，在這麼神聖的地方不准摸我。」這是個荒謬的例子，但也訴說著我們把性認為是齷齪的，至少在佛祖面前不能說性，因為佛祖代表靈性、神聖，而性代表骯髒、本能。在賽斯的觀念裡，性和靈性一樣崇高、自然。

如果性是髒的，那麼每個人都是髒的，難道人是從石頭蹦出來的嗎？我要告訴大家，因為生命是神聖的，當人帶著神聖的愛從事性，本身就是神聖的，一點都不髒。我常開玩笑說，我們送人家花，花是天地之間最美的，而花是植物的生殖器官。難道要跟禮佛的人說：「你們怎麼都供花，把植物的生殖器官供給佛？」我們這裡都是新思想、新觀念，要破除大家原來狹隘的信念以及跟性有關的扭曲思想。

不要以為這很簡單，跟性有關的扭曲思想導致了所有跟性有關的疾病，例如女性的乳癌是來自一個女人的自我無價值感，尤其是那種自我要求完美的女性，這個自我無價值感可能觸及到的是她覺得自己是無價值的媽媽或太太，因為先生太能幹了，讓她覺得自己一無是處，無價值感也可能是來自於失敗的女兒、媳婦或女員工。

如果去問得到乳癌的同學這幾個問題：「在內心深處是不是覺得自己是個失敗的媽媽、老婆、女兒，或是沒有價值的媳婦、差勁的女員工？」一定會有一個答案是肯定的。就是在這部分的女性角色裡覺得自己的無價值感和差勁，才會在象徵女性身分的乳房長腫瘤。這是我們在身心靈治療乳癌的切入點。

這種跟性有關的扭曲信念其實是遍佈在整個社會。在醫學裡有一塊骨頭叫pubic，翻譯成「恥骨」，這是不對的。性如果是羞恥，則整個人類統統是羞恥。對於佛教徒、和尚來說，性是可恥的，所以他也是可恥的，後來就過著無性生活。他過什麼生活我不予置評，但他把性認為是可恥的，這一點錯了，因為認為性是可恥的就等於否定生命，而否定了所有人的生命要如何修行？這個觀念澈底錯誤。

48-2

・人類的性驅力是生而為人最強大的本能

（《健康之道》第三七七頁第一行）當關係到女性時，這些態度被強化了。當然，每個人對性有一個很強的驅力。《孟子》裡說：「知好色，則慕少艾。」《詩經》裡說：「關關雎鳩，在河之洲。窈窕淑女，君子好逑。」人性裡一定有對性很強的驅力。而且老實說，對性的驅力一定要勝過道德及所有後天的制約，因為如果不勝過，人類就會絕種。

如果今天有一套哲學或道德觀，強大的壓抑力可以勝過每個個別人類的性驅力，那麼性驅力就被壓抑下去，人類就絕種了，所以人類的性驅力必須扮演人活在世界上最強的動力，也是生而為人最強大的本能，比吃東西的本能還要強。

古人說，食色性也，吃東西的欲望一定要很強，如果吃東西的欲望隨便被壓抑了，不吃東西會死亡，在地球上的肉身就毀滅了。如果性的驅力容易被修行、戒律、道德壓下去，那麼人類就絕種了。一切萬有不容許這件事情發生，所以當初在創造人類時，人類性的驅力本身就被給予了最強的動力，以確保人類繁衍後代。可是這不是羞恥，也不只是本能，它是一種神聖的本能，但不能因此侵害任何人。

・要認識且善用老年人第二青春期發動的能量

尤其我說過，很多老年人在第二青春期發動時很可憐。那些八、九十歲的老年人發動了第二青春期，性驅力起來了，可是沒有對象，所以在精神科看到很多老人精神病光怪陸離，因為我們的社會對這個現象不認識。

以前我在市立療養院時，有位老太太拿錢給看護說：「麻煩妳跟妳先生做愛，我看就好了。」老太太有性驅力，可是沒有老公，就拿錢給看護，叫看護跟先生做給她看。暫且不說她是對還是錯，只能說這個老太太的第二青春期發動了，但能量無路可走。

我那時候還遇到一位九十幾歲的老人家，有點老人痴呆，他女兒很困擾，跑來找我說：「許醫師，我爸爸有事沒事會掏出來玩，有時候在客廳也會這樣做。」我不會說他變態，我覺得很心疼，這個老人家的第二青春期發動了，可是他和小孩沒有學過賽斯心法，所以第二青春期的能量無路可走。當人過了七、八十歲以後，第二青春期的能量發動，會有一個性驅力出來。賽斯村的第二青春館不是要幫每個人找性伴侶，請不要誤會，我們是要讓大家認識這一份能量，而且能夠建設性的利用，因為這本來就很正常、很自然。

假設有一天你很幸運活到七、八十歲，如果性驅力起來，突然對性感興趣，怎麼辦？可能會無處可走，也不敢對孩子說，怕被當成老色狼、噁心、低級。我跟各位保證，到了賽斯村，我們會以全新的角度看大家，裡面所有的同學會鼓掌恭喜你第二青春期來了，開始引導你回春，重新回到青少年的活潑、熱情，身體的系統也會更新。

很多老人家第二青春期的能量無路可走，變得光怪陸離，甚至這跟很多老人家的癌症有關，因為能量出不去。我說了，這不只是性，它是一種創造力，像青少年一樣，整個活力出來了。在賽斯心法裡，這股能量被視為理所當然，而且會引導大家去創造性的利用。

48-3

‧對性持有矛盾信念的婦女，往往會去做子宮切除術

（《健康之道》第三七七頁第一行）我們對性有一個很強的驅力，而如果同時相信性是可恥的，那麼便處於一個非常曖昧的處境了。執政黨若相信性是可恥的，而在野黨每天去花天酒地，於是就會開始產生衝突。

只要是人類，內在的性驅力都很強，可是如果從宗教或父母那邊學到性是可恥的，就會碰上大麻煩。還有這種信念及矛盾的婦女，往往結果做了子宮切除術。我們有多少病會做子宮切除術？子宮頸癌、子宮內膜癌、子宮內膜異位、子宮肌瘤、嚴重的經痛及卵巢癌。

我最近有位個案是子宮內膜異位，剛開始的症狀是自發性氣胸，也就是肺破一個洞，然後漏氣，擠壓心臟，呼吸窘迫。X光一照，肺破一個洞，萎縮了，她好像一、

兩個月內破三次。後來開刀才發現原來是子宮內膜異位，子宮的組織會隨著月經週期而充血，產生月經，所以那一塊子宮內膜也會充血，然後排月經，可是排不掉，所以肺破一個洞，自發性氣胸。

如果她知道賽斯心法就得救了，因為她這個人對性一定有很強烈的壓抑。子宮的經血本來應該是往外流，但為什麼會逆流？因為壓抑。所以，她要探討她的心靈中有沒有對性的限制性信念，才導致經血逆流。所有的經痛、子宮肌瘤、子宮內膜異位、子宮內膜癌、子宮頸癌，都跟對性的矛盾信念有關。

我常說，一個男人如果三妻四妾，人家會說他能力好，一個女人如果跟很多男人在一起，人家會說她水性楊花。傳統的社會常用負面觀念來看待女性的性需求，但請把錯誤的觀念拿掉。

當一個人對性有很強的驅力，可是又相信性是可恥的，那就糟糕了，這種信念矛盾的婦女會做子宮切除術。很巧地，由持有同樣信念的男性醫師開的刀。台灣的婦女子宮拿掉的很多，例如卵巢病變，子宮就順便拿掉。如果四十歲去開刀，醫生會說，反正生完小孩，子宮沒用了，順便拿掉，這種做法不對。

許多男人期待有兒子，卻同時尊敬婚姻為可敬的家庭生活的一個必要部分。而同時覺得婚姻不知怎地貶低了人，尤其是男人，而性行為對這個男人本身，只在這個性帶給他一個子嗣時才是正當的。這裡賽斯在分析信念，這個男人覺得家庭、婚姻是神聖的，婚姻要帶來一個男性的後代，可是婚姻不知怎地貶低了人，就是婚姻可能限制了他的自由。

48-4

• 對性抱持衝突信念的男人容易尋花問柳

（《健康之道》第三七七頁第六行）這樣一個信念衝突的男人將尋花問柳，或與他認為低於他的女人有性行為。經常碰到個案來掛我門診時說：「許醫師，我先生有外遇，我好痛苦。」我說怎麼個痛苦？她說：「我先生的外遇對象比我醜，明明我是個良家婦女，他為什麼會愛那個低三下四的女人？」不要以為男人外遇很多是找成就更高的，那位個案說，如果先生找的是更棒的女人，她也沒話說，可是他竟然找了一個跳電子花車的，讓她嚇一跳，不知道他為什麼會愛那個女人。

以一種奇怪的方式，他甚至會覺得和自己的太太有性行為是錯的，因為他認為性本身是比較低下、骯髒的，可是跟太太的婚姻是神聖的。這樣的男人有時候被迫去找一個低三下四的女人，甚至地位比他低的女人，這跟ＳＭ（註：Sadism and masochism，性行為上的施虐症與受虐症）有關，他會跟對方說：「叫啊！說妳要我。」然後他就會很興奮。可是這樣的男人不會跟太太說：「壞女人，說妳要我。」其實我會建議他去跟太太說這些話，因為如果把太太過度神聖化，太太也不見得高興。甚至有時候性要稍微有點像SM這樣，越說她淫蕩、越開心，淫蕩的另一個含義是她需要先生，如果太太一點都不淫蕩，也會沒有樂趣，所以很多男人說，希望太太出門像貴婦，在床上像蕩婦。

以前有位個案說，有一次她在洗澡，門沒鎖，先生不小心闖進去，就開始抱歉說：「不好意思，妳在洗澡，我誤闖進去。」太太看到這種反應不見得會太開心。如果先生誤闖進去，然後情不自禁占有她，她反而會覺得很欣慰、很驕傲，因為先生一看到她洗澡就受不了。由此可知，我們對於性有很多矛盾的信念，如果把太太視為很神聖，就麻煩了。像有些男人跟太太不能滿足，必須跟外面的女人才能滿足，因為他對外面的女人可以用比較輕蔑的態度，而在輕蔑當中可以感受到樂趣。我今天教的內容很重要，不要以為身心靈跟這個無關，身心靈從最高到最低都是神聖的。

這樣的男人甚至會覺得和自己的太太有性行為是錯的，因為婚姻是神聖的，太太是神聖的。就像天主教徒不能用保險套，性只能用來生小孩，不能用來取樂，如果使用保險套，就表示這次性不是用來生小孩，是來取樂的，而天主教徒不准許。虔誠的天主教徒常常都生七、八個孩子，我覺得這樣不對。

這個男人覺得跟太太有性行為是錯的，相信性行為對他倆都是如此貶抑的。在許多這種例子裡，這些人會是偉大的運動員，追隨傳統的男性消遣，而也許對藝術或任何與女性沾上一丁點關係的興趣表示蔑視。這種男人很傳統，對於英國的板球或是很紳士的活動採取輕視的態度。其實這種最正義凜然的男人常常最容易去找女人，因為他在內心有很多矛盾的衝突，所以很多人會想ＳＭ，那是滿足內心某程度的渴望。

如果一個男人認為婚姻、太太、生小孩可敬，可是又把性視為可恥，就會變成習慣性外遇，他內在對性有矛盾的信念，認為性應該比較低下，所以無法跟太太有愉快的性行為，要找低下的女人才可以。請各位太太不要太神聖。

48-5

•心中充滿力量和創造的喜悅，當下就在天堂

真正的賽斯村不在人間，就在我們的心中，就如同並沒有一個世界叫極樂世界，而是當心平安喜樂時，所在之處就是極樂世界。也沒有一個地方叫天堂，天堂是心的一種感覺，如果心中充滿力量和創造的喜悅，當下就在天堂裡。

老實說，今天早上我也有點沮喪，可是到了下午，我的念頭又轉過來。就像我一直講的，人生是一場神聖的創造性戲劇，生命的每件事我們只求盡力付出。我自己做癌症治療這麼多年以來，看到有些同學的狀況，也滿難過的，像台南有位學員的先生在做業務，跑遍全世界，前陣子說肚子不舒服，到醫院檢查是早期的胰臟癌，後來去開刀，把胰臟、膽囊、十二指腸全都拿掉。開刀後在醫院住了三個月，根本無法吃東西。

他的傷口一直沒有好，有一次護士去換紗布，發現紗布上有一粒芝麻，問他說：「你偷吃燒餅嗎？」他說對，因為他的腸子沒有癒合，結果那一粒芝麻就洩露了偷吃燒餅的祕密。最近他腸胃道不通，去醫院開刀處理粘黏，可是醫生跟他太太說，已經整個蔓延出去，最多活三個月。同學就哭著跟我說：「許醫師，為什麼賽斯村還沒有好？醫院對我們無能為力，不進醫院又無處可去。」

另一個同學腦瘤開過三次刀，隨時都害怕死亡，他克服怕死的恐懼就是很勤快的跟著我到處跑，上課、聽演講。有一次我去深圳，看到他坐在下面，嚇我一跳。他也提到真的希望有一個地方讓他不會再感受到恐懼，不用再害怕復發，因為他知道那種恐懼有多可怕。不管是我們自己、小孩或父母生病了，都會隨時擔心復發，不知道什麼時候會死，每天都活在恐懼當中。我希望有個地方讓大家可以感受到快樂，不再恐懼。

我那天跟王季慶王姐聊天，說到自己的親身經驗，我的親戚、朋友沒有得癌症的，最接近得癌症的例子是小舅舅，可是不太熟，我不知道為什麼自己會走到這條道路上來。既然我要走，就要全力以赴，我希望有一個地方沒有恐懼，可以讓人療癒自己，而且我們有很多有愛心的同學來幫助這些人，不要在生命當中再感受到恐懼。

有同學分享說：「如果今天我沒有來到這裡學習，我會在哪裡？」她十一年前得到乳癌，一年前又復發，做了治療，三、四個月後指數又上升，真的無路可走。

另外有個同學第一次來的時候，我記得他幾乎是拉著我的褲管說：「許醫師，你是我最後一道防線了。」彷彿我不能幫忙，他就死定了。我不知道他是不是死定了，至少後來看到他都笑嘻嘻。那天還跟我們一起到精神病院去辦音樂會，拉小提琴、彈鋼琴給他們聽。很多同學去精神病院都很感動，因為這是他們第一次看到這麼一大群慢性精神病患，有個同學很可愛，一定要坐在門口，因為出了什麼事的話可以第一個跑走。

接著我九月要到自強外役監獄去演講，我常常把同學帶到監獄去當貴賓，不是犯人。裡面好像有七道門，每一道門都上鎖。我們的人生能有這樣的經驗也滿好的。既然我在這條道路上，就會持續跟著大家一起走。

48-6

・性的表達能鼓勵身心的健康與活力

（《健康之道》第三七八頁最後一行）許多宗教及所謂密教知識的派別曾提倡，不管是藏傳密宗、南傳佛教，還是其他基督教派別，很多密教團體提倡性與心靈的概念是彼此正相反的。性與靈性相反，如果要追求靈性，那麼性的部分就必須摒棄和壓抑。

在運動競技場的人們也往往鼓勵這觀念，即：性的表達不知怎地會使男人衰弱，並削弱他的體質。美國《精神疾病診斷準則手冊》第四版（DSM-4）裡面，特別提到腎虧這個詞，說那是東方人特有的一種跟文化有關的妄想，這種妄想就是東方男人有時候會覺得自己得到腎虧症候群，所以拼命補腎。跟賽斯這裡提到的一樣，以前古人也講，一滴精，十滴血，意思是說男人要固腎，性的表達會使男人衰弱，讓這個人的質變得不好，就是所謂的腎虧。

神職人員發誓以保證禁欲，不管是神父還是修女，和尚還是尼姑。我有位個案是修女，她就說曾經發過「貞潔願」。再次地，事實上，性的表達在人類經驗的整個範圍是個重要的元素，鼓勵身心的健康與活力。這就是正宗的身心靈觀念和賽斯心法對性的看法。

根據統計，如果夫妻都七、八十歲以上，又有規律的性生活，通常兩個都會長壽。也有很多的研究統計，有性行為的夫妻比沒有性行為的夫妻在壽命上比較長，而且在憂鬱症、心臟病、癌症的發作上都比較少。

如果伴侶不管為了任何理由禁欲，或是伴侶提早死亡，過著禁欲的生活，先不要說欲望，光是孤獨就讓人去掉半條命。像今天門診有位同學六十幾歲，手足都在國外，我直接告訴他：「你沒有病，你是孤獨，希望你加入我們的大家庭。」他聽了之後好感動，離開時泛著淚光，他真的想要找朋友，可是朋友都有自己的家庭，我們這裡是能讓他進來的大家庭。

像我們這裡有位同學，把磚塊搬到一樓門口，問我說：「許醫師，我可以在三樓外面弄一個烏龜池嗎？」我一說可以，他馬上請其他同學去搬磚塊。我心裡想：「你磚塊都搬到門口了才問我。」我們的同學非常自動自發，我就告訴他兩件事：「第一、防水要做好，不要大家一邊上課，上面一邊在滴水。第二、要定期照顧，不要讓烏龜死在那裡。你能答應我這兩件事，就做吧！」我們在這邊很自由、很單純，只要大家願意付出，我都會說可以。

性的表達在人類經驗的整個範圍很重要，賽斯再次肯定性對於身心健康的貢獻和益處。我曾經輔導一位子宮頸癌的太太，她說得到子宮頸癌之後，先生就沒有碰過她了。我跟她先生說：「太太生病不是你害的，開完刀，你們反而更要在一起才可以復健，因為子宮頸癌會把陰道的一部分切掉，如果不常通一通，會粘黏。」這時候夫妻的情感更重要。所以大家不要想：「我生病了，就應該在性方面禁絕。」這是不對的。憂鬱症或其他精神疾病，性也都可以舒緩神經緊張。

48-7

• 在性的能量部分如果得到舒緩，整個人會平安下來

（《健康之道》第三七九頁第四行）有些人可能比其他人有較強或較弱的性的驅力，有的人需求強一點，有的人弱一點。然而，性驅力是任何個人自然節奏的一個強大部分。性驅力是我們內在很強大的動力，阻積起來的話，假設不斷壓抑這個動力，這種性驅力仍是一直想得到表達的，而往往是有習慣性「性紀律」的人，就是特別壓抑，有一個習慣性的性紀律，反而會因為壓抑更糟糕，這一類的人會突然發作一陣陣性的雜交或暴力，有時候暴力傾向是一個人在性的方面沒有得到滿足。

其實夫妻或是伴侶之間的爭吵背後都是跟性有關。因為有些太太也許就是今天腰酸、明天頭痛、後天不舒服，過不了多久，先生就開始發脾氣，抱怨菜難吃、衣服沒洗乾淨，這些東西都是在找碴。女性會找藉口，男性也在找藉口報復。

我的意思不是告訴大家一定要怎麼做，而是讓我們更深入瞭解人類身心靈的運作，人在性的能量部分如果舒緩，整個人會平安下來。我常跟很多媽媽說，如果逮到孩子在自慰，不要責備或說會腎虧，這樣對孩子的心理健康不好，只要提醒他下次隱密一點，不要在公眾場合就好，不要讓孩子覺得這是丟臉和羞恥的事。男性都知道，一段時間如果沒有性活動，會自然夢遺，因為儲存到一定的量，一定要排掉才能有新鮮的貨源。

像有些一、兩歲的幼兒性器官勃起，嬰兒會去玩，就順其自然，因為對他來說，那跟他的耳垂、腳指頭一樣，越把他的手拿開，就越會讓他認為身體是可恥的，而且加強對性是一種負面的信念，這反而不對，要用一種比較自然的心態來面對這些事情。

有位女個案跟我說：「許醫師，我是不是沒有吸引力、我先生是不是不喜歡我？為什麼我都配合得很好，他還會想看A片，還會DIY？」她總覺得是不是自己不好、不對，不能滿足先生？我跟她說：「不是的，我們衣服有時候會送洗，有時候會自己手洗。根據統計，一個男人就算有固定的性伴侶，偶爾還是喜歡用手洗，比較自在，緬懷青少年妳還沒有出現時的那種感覺，而且可以幻想不一樣的人事物。這不代表妳不好或夫妻感情出問題。」我這樣解釋她就放心了。

我們身心靈的課在講這些是因為很重要，這也是身心靈的一部分，得面對，不能逃避。

48-8

・禁欲意味著儲藏起自己的力量，這樣的人往往有嚴重的便祕

（《健康之道》第三七九頁第七行）實際上，哲學性的強調身心紀律，就是不斷強調人要有紀律，身心要守紀律，與對有罪的自己信念的一個組合，往往帶來最不幸的人類兩難之局。人的本質是有罪的，這是很負面的信念，再加上強調身心紀律，兩個東西結合在一起。

一個過分強調紀律、過分自制的人，平滑肌會出問題，於是會便祕。一個長期便祕的人其實是過度緊繃，肛門經常夾緊，因為他嚴格控制自己，不容許自己自然而然表達自己，包括自然的排泄方面都會去掌控，就會在自律神經系統出問題而導致便祕。

這些概念通常與權力是可欲卻危險的感覺並駕齊驅，絕對的權力使人絕對的腐

敗。於是，禁欲意味著儲藏起一個人自己的力量，他以為禁欲可以把力量儲存起來，讓他更朝向靈性的發展。可是越禁欲，離靈性越遠。

也許有人會問我說：「那德蕾莎修女呢？」她不是為了禁欲而禁欲，因為她把愛和創造力變成了更大的動力給出去。這裡愛和性不一樣，性是愛的一種自然而重要的表達，愛比性還要大，所以，並不是人一定要有性，也不一定要在性方面表達得很好，但如果認為性是不對、不應該的，對性抱持著負面的壓抑信念，就要出問題了。性沒有不對，性不是一切的答案，愛的表達不一定是性，很多偉人、聖人能在愛的表達方面做得很好，不一定要有性，但這並不是因為透過厭惡性或是禁欲而達到的。

以前會認為人追求靈性就應該禁欲，這個觀念是錯的。賽斯說，禁欲意味著儲藏起一個人自己的力量，有這種信念的人往往有嚴重的便祕，他連糞便都要儲存起來，能吸多乾就吸多乾，出來的糞便很硬，得用甘油球、塗凡士林，因為一直把自己緊繃著，把力量儲存起來。

‧老人的精力少不是因為來源少，而是使用少

這種人有嚴重的便祕，並有閉尿症狀，尿不出來。在目前的醫學裡，十個男人在上了年紀後，有九個會出現攝護腺肥大，為什麼？我的書裡寫過攝護腺肥大的兩大身心靈因素，一個就是賽斯這裡講的禁欲。因為華人的觀念是年紀越大，氣血流失越多，為了保存氣血，所以要禁欲。很多人也認為禁欲是長生的祕訣，其實錯了，如果去看百歲人瑞的調查，大部分都有好的性生活，有的還常常換男女朋友，不是每天換一個，而是經常保持談戀愛的心境，絕不是像大家講的禁欲，禁欲的人命都不長久，因為同時伴隨著苦和忍，所以壽命都不長。

男人上了年紀，想儲存精力，於是開始禁欲，結果開始排尿困難，他以為越禁止性欲，越能保存精力，其實錯了，精力越沒有使用會越少。老人的精力少，不是因為來源少，而是使用少，所以上了年紀的人，很多氣血衰敗是來自信念錯誤。

男人攝護腺肥大和攝護腺癌的另一個原因是，退休了，失去男性雄風。最近台中有位同學的攝護腺癌比較惡性，已經轉移到骨頭，一般來說，攝護腺癌是很懶惰的疾病，六十歲得到，可能到九十歲才會出問題，可是不見得活得到九十歲，所以大部分

攝護腺癌都沒什麼大問題。

舉例來說，保留水、鹽或不論什麼。保留水和鹽會造成什麼？高血壓，中老年人的病都跟這個有關。簡而言之，回到賽斯說的，性的表達是人類經驗中的重要元素，鼓勵身心的健康與活力，這就是正宗身心靈的觀念。

48-9

• 真正的靈性是建立在自發性和自由意志上

（《健康之道》第三七九頁倒數第六行）這樣的人也可能有腸胃的問題，許多是過度喜愛極端辛辣的食物。哪個國家的人最喜歡辛辣的食物？我知道的是印度，印度的哲學最強調禁欲，所以印度食物也比較偏辛辣，賽斯說的沒錯，因為會把能量轉到另一個方向去。

有些則有極大的胃口，縱使這些可能被一連串的節食所調節，然後又被暴食破功了。暴食症或厭食症不一定跟性有關，但可能是跟不斷的自我節制有關，壓抑一段時間又暴食，暴食一段時間又催吐。因為他們對自己設下很多的紀律，可是紀律會破功，也許該回到所有的自發性，更自發的做自己。

涉及了人性裡這麼多其他的元素，以致賽斯並不真的想指出任何罪魁禍首，然而在鼓勵那種行為上，男性隔離的社區顯然惡名昭彰。男性隔離的社區就是類似單一性別的修行團體，或是隔絕了另一個性別的社區，賽斯不鼓勵。讀單一性別的高中，比如建中或北一女，老師就會很頭痛，例如之前有位女校的輔導主任來跟我談，他說一個班裡面，總有一、兩個女生打扮成男生，這一、兩個特別出風頭的女生就變成全班的英雄。他說很麻煩，問我怎麼辦，我說：「你們學校沒有男生，只好把女生當男生，不然就招收一些男學生。」其實這對教育、心靈成長上是不好的。

當然，在這種機構或社區裡的每一個人所受的影響並不相同，但相對地說，我們的確有這類封閉的社會，而它們真的能變成狂熱主義和僵化的行為樣板的搖籃。很多狂熱的宗教組織會特別強調性別的紀律，把兩性分開。

再次的，在此我們發現，強調的是紀律而非自由意志。如果同學進入一個宗教或修行團體，不斷強調所有人要有紀律，而不是強調自由意志，也不是自發性，那麼請趕快逃走，因為真正的靈性只會建立在自發性、自由意志上。這就是我們賽斯的精神跟所有的宗教修行團體不同之處，絕對不可能狂熱。靈性就是讓內在的神流露出來，而不是透過紀律壓抑，壓抑只會製造更多問題。

• 一個社會越開放，人民越健康

如果強調的是紀律而非自由意志，以致選擇的機會劇烈地減少了。一個社會越開放，人民便越健康。這句話給我的啟發很大，說實話，我不懂政治，對政治也從不感興趣，但是我知道一個社會越開放，在政策上人民的遷徙和自由度越高，則這個地方人民的心靈越自由，如此一來，他們集體的健康一定越好，因為能量會自然流動。不管誰執政，我個人的想法是，一個地方越開放，人民更能自由遷徙、自由發表意見，就會越健康。當然，我們講自由，還是得有個規律和法制的限度，不是個人無限度的放大自由而侵害到別人。

之前有一則新聞，一家三口都是精神疾患，後來精神科醫師說，是因為他們一家三人關在裡面都不跟外界接觸，結果三個人互相感染，變成傳染性妄想症。我常常說，家裡的小孩子越跟外界有互動，會越健康活潑。一個家越民主，家人的思想越能交流，彼此表達想法、溝通意見，就會越健康，因為這個家的成員也得到更大的尊重，每個人更能為自己負責。很多疾病，不管是任何身心疾病，都是因為家裡禁忌話題太多，每個人必須壓抑自己，只能說對方接受的話，這樣不對。

一個地區越開放，人民會越健康，不開放是因為有太多的恐懼，恐懼就是能量的柵欄，一旦放下了能量的柵欄，就要開始生病。像我看書、看電影都不挑，從得獎的藝術電影一路看到周星馳的電影，能去欣賞每種類型。書也是，很多人問我：「許醫師，瓊瑤的小說你看不看？」我每一本都看過，所有我姐姐看的浪漫小說我也看過，因為一個家或一個人的思想越開放，內在能量越能流動。

48-10

•追求靈性，意味著要開發自己內在的雙性特質

（《健康之道》第三八〇頁倒數第三行）賽斯所說的也適用於沿著女性路線隔離的組織，雖然是到一個較少的程度，比如修女院之類的。在兩個例子裡，兩性都被否定了任何真正的溝通。我說過，兩性各代表人類靈魂的兩大能力，一個存有不可能每次轉世都當同一種性別，如果這個靈魂每次轉世都當同一種性別，可能會變得很暴力，因為內在無法平衡，所以兩性的能力都是我們內在靈魂的雙性特質。所謂追求靈性，意味著要開發自己內在的雙性特質。

前一陣子，我的腦袋裡突然在開一個兩性研討會，出現一些很有趣的主題。一般而言，我們社會的女性在心靈和情感層面比較豐富，孩子打電話回家，如果是爸爸接，只會跟爸爸問好，說兩句話就要找媽媽，然後跟媽媽一直聊。有時候婆媳之

間，反而是媳婦跟婆婆比較有話講，兒子回去跟媽媽打聲招呼，接著就是媳婦跟婆婆聊天了。

我們社會的男人在情感能力的表達及豐富度上比較弱，男人對於權力、邏輯思維、事業決策、對世界具體的操控能力較強，所以，這個世界主要是由男人掌控，而女人則是藉由掌控男人來獲得生存的價值感。在一般夫妻關係裡，很多女人都有一套專屬的掌握男人技巧，男人常常莫名其妙落入女人的掌握而不自知。如果女人要男人答應一件事情，她知道怎麼說男人會生氣、怎麼說男人不會生氣，這部分女人很擅長。很多男人不結婚是不想被操控，因為男人在情感的操控上輸給女人，但是在權力和具體操控物質世界的能力比較強。

但這是過去的時代，將來的時代會改變。比如，很多男人退休後，如果沒有回來發展情感能力、陰柔的特性，其實對身心也不好，男人之所以容易罹患心血管疾病，就是缺少陰柔的能量。

有時候女性的不安全感，是來自於發現男人不受自己掌控，或者發現有另一個女人操控男人的技巧比她更高，她就會痛苦，所以，女性將來也不能透過男人來得到安全感。接下來整個世界的兩性權力分配會改變，男人必須在心靈能力上開始急起直追，而女人也要學習不必透過操控男人來取得安全感和權力。這是一個了不起的年代，女人開始透過不婚、離婚試圖對自己證明：「我不靠男人也能活下去。」但是一個男人沒有了女人，不見得活得下去。

之前日本流行離婚潮，很多日本夫妻是先生退休後，太太要離婚。有些男人一離婚，就很早死，因為男人在情感層面不夠豐富。所以，一個女人在金錢和安全感上若無後顧之憂，年紀大了可以不需要男人，可是男人年紀大了在情感上反而更依賴。

我常常說，來到我們這裡上課的男同學都得救了，因為這些男同學是在發展陰柔能力，這就跟一般傳統的男性不一樣，也不會有醫學上所謂男人的更年期症候群。女同學也不會有更年期症候群，我說過，女人的更年期是要從陰性能量回到陰陽平衡，陰性能量要稍微弱一點，陽性能量要出來，陰陽重新建立平衡，而不是服用人工的荷爾蒙，再去壓抑陽性能量，醫學的做法其實不對。

第49講

49-1

‧孩子對父母過度恐懼，長大後可能會出現強迫或恐慌症狀

（《健康之道》第三八〇頁倒數第二行）如果兩性都被否定了任何真正的溝通，而維持住一個極端人工的架構，有些靈修團體會把男女分得很開。在其中，兩性實實在在地彼此變成了陌生人。這也鼓勵了形形色色、歇斯底里的反應，以及比正常人們經驗到的一個更大頻率的「傳染性疾病」。因為壓抑，傳染性疾病更容易發生。

這情況也以一些變化發生在宗教的狂熱派裡，不論嚴格的性隔離是否被強制執行。如果人際關係受到高度管制和監督，在有些修行團體裡，人跟人互相監督和管制，或家庭成員被鼓勵偵察他們的親友，或是要小孩回來調查父母的言行，就像以前的紅衛兵，那麼你便有同類的對自然的表達及溝通的縮減，這樣不健康。

在這種社會裡的人們，往往受到營養不良、頻繁挨揍、灌腸劑的過度使用，以及常

常過度施行體罰之苦，兒童被嚴格地管教，而欠缺正常的自發性成了常規，而非例外。我常說，強迫症的兒童，其實在小時候可能受到過度嚴格的管教，長大之後才會出現強迫思想、強迫行為，害怕犯錯，甚至恐慌，都是跟小時候父母的管教過於嚴格有關。

在佛洛依德時代，提到孩子在肛門期或口腔期受到嚴格管控時，就失去了自發性。所以如果一個小孩小時候對父親或母親過度恐懼，這個恐懼可能跟長大後的強迫症和恐慌症有關。我治療過幾個恐慌症個案，他們告訴我，小時候很怕爸爸或媽媽，也許媽媽以前歇斯底里發脾氣時，嚇到了這個孩子，於是在孩子心中有了揮之不去的恐懼感，尤其是對內向、害羞的孩子來說，發怒的父母親就好像《舊約》中被觸怒的耶和華一樣，因為在小孩的心中，父母就是上帝，只要父母不理他、不餵食、冬天不給他穿衣服，孩子就無法存活。

請想像一下，以前耶和華在大怒時會出現閃電、降冰雹、發生海嘯，讓一個匍匐在地上的人類覺得天地都要毀滅，而這樣的恐懼有時候在成人身上也會出現，感覺喘不過氣，彷彿大難臨頭。如果去回溯成長過程，可能是父母在發完脾氣後沒有說：「孩子，無論爸爸媽媽對你再怎麼生氣，我們都是愛你的。」所以，一個父母親歇斯底里的情緒暴怒就像耶和華的盛怒，讓人類軟弱、無助、恐懼、顫抖。

有些孩子真的是被父母嚇到，雖然長大後出類拔萃，可是心中始終存在著對父親或母親很深的恐懼，請去面對、去克服，找出內心那個恐懼、沒有安全感的自己。一旦如此，就會去除強迫症、恐慌和焦慮的傾向，以及大難臨頭、世界末日的感覺。

就像我們家四個小孩子對爸媽的感受都不一樣，之前我的表弟Polo老師在描述我爸爸時說：「你爸爸很可怕耶！」我爸爸在我哥哥和姐姐的印象中很可怕，他一生氣，他們就會發抖。可是他在我心目中並不可怕，我是那種感覺沒關係的小孩，不是說我不孝，而是我沒有被嚇到，因為這樣，我跟爸爸的感情反而很好。

如果被一個人嚇到，會把恐懼深埋在內心，這個恐懼有時候會變成一種人生觀，在事業失敗或是想脫身卻脫不了身、感覺被困住時，恐慌感就會出現。這時候要回去面對不安全感，而人最早的不安全感，有時候跟父母的教育方式有關。

我不是說父母不能發脾氣，但是，一定要告訴孩子：「爸爸媽媽再怎麼發脾氣，永遠都是愛你、關心你的。」如果孩子得到這個終極保障，心中就不會有很深的恐懼，不會覺得沒有安全感。

49-2

• 一個人的概念，決定了身體如何處理營養及達到健康活力

（《健康之道》第三八一頁第六行）這種組織的成員，就是那種嚴格的宗教修行組織，強調紀律而非自發性，強調兩性要隔離，強調每個思想、言行都要符合規範，在其中，團體成員往往得了他們身體無法運用營養的病，比如，缺乏維他命C或再生不良性貧血之類任何跟營養有關的疾病。

他們常趨附某種時尚食物，但由於真的害怕自發性到如此的程度，他們往往變得罹患了與身體的無意識過程相關的疾病。例如，我前面說過的便祕，還有營養不良，或是不管怎麼吃都無法吸收營養，以及腸胃道疾病這類的問題。

當然，你也能發現單個家庭、或一整個國家，像狂熱教派一樣運作。交託給壓抑及其結果的暴力，暴力是來自於壓抑，不是來自於自發性。那麼，你擁有的概念，在

身體處理其營養、運用其健康和活力時，扮演了一個大角色。

我知道目前很多人提倡的觀念是飲食有毒、喝的水有毒，很多食物都是致癌物質。如果持有這些概念，就自動把吃下去的食物變成了致癌食物，因為一個人的概念，在他的身體如何處理營養、如何達到健康活力上，扮演很大的角色。怎麼想、用什麼概念吃，遠比吃了哪些東西更重要。很多有錢人每天吃山珍海味、吃燕窩，真的比較健康嗎？不見得。不是說我們吃不起，在這邊酸葡萄，而是真的沒有用。

• 若相信身體是邪惡的，吃最純淨的食品也可能毫無益處

如果你相信，身體不知怎地是邪惡的，不信任人類的本能，不信任身體是神聖的，卻認為身體是差勁的工具，是貪嗔癡慢疑、有性欲、有食欲的低級工具，妨礙了修行，這樣想的人，麻煩大了。

如果認為身體不知怎地是低級、邪惡的，你可能以幾乎餓死來懲罰它。縱使你的飲食就平常標準來說可能被認為是正常的，根本吸收不了營養，因為認為邪惡的身體沒有資格得到營養，不配得到營養，信念創造了實相，就算吃也吸收不到任何營養。

因為，你的概念可能引起妨礙你身體接受養分的化學反應。本來身體可以接受這個養分，但是概念讓它不能接受。如果你相信身體是邪惡的，許多宗教會這樣告訴大家，身體是邪惡的，要對抗肉體的欲望，那麼，最純淨的健康食品將會或可能會對你根本沒多少好處，不管吃的再健康也沒有用。像我們有位同學胰臟癌轉移到肝，他吃了十幾年的有機飲食，還吃素，每天三餐都吃水果，飲食和作息最正常，可是得到末期胰臟癌。如果相信身體是低下的、不好的、邪惡的，就算最健康的飲食也不會有用。

我們告訴大家的賽斯心法不一樣，身體是有形的靈魂，身體是神聖、有智慧、有靈性的。同時，如果你有個健康的欲望並對你的肉體給予尊敬，請記得賽斯說，要有健康的欲望，要尊敬肉體是你的靈魂伴侶，你的靈魂藉由肉體這個伴侶來到人間。感恩肉體，餵養它好的食物、均衡的飲食，少量多餐，不要吃太飽，餓太久，給予靈性的尊重，身體就是神的宮殿。如果對身體懷有敬意，那麼身體將回報給你最好的健康。

我們很多同學為什麼生病？因為不愛自己，也不尊重身體，只是把身體當成奴隸，等到這個奴隸要倒了，還在抱怨，而且還沒有覺悟，甚至用更毒的方法來虐待它，從來沒有好好的用健康的心態對身體。你怎麼對它，它就怎麼對你，如果虐待身體，那麼不久自己就會受苦。

很多修行人會折磨身體，用苦修的方式，這種人真的也常常有很多的病。我們這邊的身心靈修行是要善待肉體，給它好的食物、均衡的飲食，以及尊重，而不是說：「壞身體呀，叫你不要吃肉，你又貪。」「叫你不要有性欲，這就是禍根，就是低級的欲望。」這種想法不對，要有一個健康的欲望，而且給予肉體尊重，給它正面的信念，它會回報給你一輩子平安健康。不要把身體當奴隸。

那麼吃電視餐，甚至速食，像是肯德基、麥當勞，也很可能保持你的健康和足夠的營養。意思是，如果身心靈對了，就算三餐吃速食也不會生病，這就是賽斯心法不可思議的地方，因為概念將自動讓你吃下去的食物做最好的利用，就像周星馳做的叉燒飯叫黯然銷魂飯，一個最偉大的廚師，就算是蛋，到了他的手上都會變成天下最美味的食物。如果概念是對的，就算三餐吃麥當勞，也會比每天吃山珍海味但概念不對的人健康。

49-3

・如果可以做到思想移植，疾病一定會好

（《健康之道》第三八一頁最後一行）如果我們在談健康，必須要看的是你的信念。大家對健康的信念是什麼？我常常告訴身體：「你是神聖的，你是集天地最棒的智慧、宇宙造化的神奇而存在。」如果沒學賽斯心法，就會認為身體是生存競爭而留存下來、吃五穀雜糧的機器。你是要一部不好的機器、關節、心臟、血管、骨質疏鬆，還是要一個集天地智慧所造出來的神奇肉體？請自己選擇。我們一再告訴大家，信念創造實相。

醫院是所有傳染病的中心，因為醫院不斷對社會散發出來的是對身體的不信任。我們這裡不是，我們散發出去的能量是身體是棒的、神聖的。身心靈健康的第一定律是「身體本來就是健康的」，本來就不應該生病；第二定律是「身體擁有偉大的自我

療癒力」」；第三定律是「身體是心靈的一面鏡子」，如果身體出問題了，是心靈的障礙投射過來的。身體是有形的靈魂，回到心靈改變，肉體自然會好。

請快點讓孩子從小就知道健康三大定律，把過去所有與此違背的矛盾信念統統洗掉。舉例來說，王季慶王姐養了一隻黃金波斯貓，她說一直都用賽斯觀念養貓，結果從來沒有看過獸醫，也沒有打過預防針，不做任何醫學處理，非常健康，因為她一邊翻譯賽斯書，一邊告訴她的貓，這就是賽斯心法。可是很多人養貓狗常常帶去看獸醫、打預防針，而用賽斯心法養的貓很健康，從來沒有必須打預防針的觀念。

賽斯說過一句話，得到癌症的同學請注意聽，如果可以做到思想移植，疾病一定會好。不是心臟或器官移植，是思想移植，把過去亂七八糟的思想拿掉，將身心靈的觀念在腦海中醞釀一段時間，不要論對錯，就看半年後有沒有更健康，用成效來決定要保留哪一個信念。我們就是一個實修的派別，真正的改變是思想觀念的改變。

如果我們在談健康，必須要看的是你的信念，你們有最有效率且美麗的肉體器官，不論幾歲，都有最美麗、最有效率的肉體器官，最高貴的關節和附件，賽斯用「高貴」兩個字，最高貴的關節、肌腱、滑液腔。一般人過去的觀念都是身體是不好的機器，根本沒有高貴的關節，只有會跌倒、會骨質疏鬆的關節。

最充滿生氣的肺及最精美的感官，眼耳鼻舌身，要靠你形成一個配得上你的肉體形象的身體，因為你是被你的信念所滋養的，而那些信念能令你每日的食物增益你的活力，或增益你的憂心及壓力。每道食物吃了都會健康，因為我們是被信念自動滋養。

大家要每天告訴自己：「我有優美的鼻子、高貴的關節、靈性的心臟。」這跟現在大家的觀念完全不一樣，一般人只會說：「我有那充滿糞便的腸子、要換人工關節的關節、骨質會疏鬆的骨頭、心臟病會發作的心臟。」所有的觀念都是錯的。

真正的身心靈是開始告訴自己：「我有著最有效率而美麗的肉體器官，高貴的關節和附件，最充滿生氣的肺及最精美的感官。」我希望這變成大家一輩子真正的核心信念，請用這些信念來滋養器官。

49-4

‧年輕時如果沒有處理負面信念，老年時會體弱多病

（《健康之道》第三八一頁最後一行）這一段對於健康很重要，賽斯說，如果我們在談健康，必須要看的是我們的信念。請大家每天花五分鐘來禮讚身體，因為我們有最有效率且美麗的肉體器官，不是外表，是肉體器官，要禮讚內臟、心肝脾肺腎。

我們有最高貴的關節、骨頭、肌腱、肌肉，流露著高貴的氣質，還有最充滿生氣的肺及最精美的感官，我們的肺是如此充滿生氣、熱情、活潑。所以每天都要用正面信念來滋養肉體，如果老是覺得關節每天在磨損、退化，吃更多的維骨力也沒有用。有個同學分享說，某個親戚買了一大堆好貴的維骨力給他吃，後來他就跟那個親戚說：「我不用吃維骨力，因為我有最正確的信念。」他用最棒的信念來滋養肉體。

那些信念能令我們每日的食物增益我們的活力，或增益我們的憂心及壓力。一旦開始運用正面的信念，就自動滋養了器官、健康，如果吃維他命的話，會事半功倍，如果沒吃維他命，也會比有吃的人效果更好。我希望各位每一天都用正面的思想及信念來餵養肉體。

不幸信念的重量，也許最沉重地落在較老的人口上，因為信念已有一段較長的時間比較通行無阻了。所謂身心靈的修行其實是從小開始，因為小時候可能已經開始累積一些不幸的信念，而隨著年紀的增加、接觸的人事物增加，這些不幸的信念會累積重量，最後把人壓得彎腰駝背。我們看到老人家骨質疏鬆，腰直不起來，可說是被沉重的人生壓力壓得喘不過氣，也可以說是被很多負面信念的重量壓得喘不過氣。

可是有沒有人越活腰椎越直、越活越輕鬆活潑？有，因為開始用不一樣的信念灌注在身心，不像一般人，隨著年紀的增加而累積越來越多沉重的負面信念。一旦有了正面的信念，要讓這些信念進到內在，把它們運用出來。

那些特定的信念實際上在青年身上生了根，等到老的時候，如果沒有處理這些信念，早就進入了潛意識，就等著收拾那些不好的結果，變得體弱多病。所以，這些不幸的信念，彷彿所有的生命之花都該在年輕的成人裡完全盛開，然後從那顯赫的位置越來越快地落入不利用和無秩序，就是沒有用和無秩序，包括健康、肌膚、魚尾紋，甚至智商。

為什麼越強調老年痴呆的國家，老年人越會痴呆？因為每個老人都在擔心：「我會不會開始痴呆？」還沒老就已經開始擔心，信念已經生根了，現在就把這不幸的信念投射到未來，預設自己有一個老人痴呆的未來。我們身心靈健康三大定律的第一定律是：人本來就應該快樂、健康、聰明的活到九十九歲，痴呆是不正常的，應該要越老智慧越顯現。可是我們這個文明認為孩子最無知，年輕人最聰明、體力最好，進入老年時成住壞空，空就是腦袋空空、老年痴呆，其實不是這樣。

很多人認為年紀大就應該越退化，賽斯說，光是時間這個因素，從來不會讓肉體退化，因為對神性的自己來說，根本就沒有時間，神性的自己不服從時間的定律，是人性的自己服從時間的定律。

如果大家以今天上課的內容取代過去的觀念，就會有一個可愛又活潑的老年生涯在未來等著，不接受「老人應該要退化、生病才死掉」的想法，就不會經歷這樣的現實。尤其是西方社會永遠在讚揚年輕才是健康，但對於學過賽斯心法的人而言，衰老是不自然且不正常的。

49-5

• 過度強調年輕的美和年輕的建樹上，會讓生命其餘活動相形失色

（《健康之道》第三八二頁倒數第六行）這些概念不只在較老的人口身上引起嚴重的困難，它們在許多直接或間接自殺的年輕人行為上，也扮演了不可或缺的角色。許多年輕人，尤其是愛美、讚揚青春的年輕人，不能忍受自己變老。一個高大帥氣的年輕人不能忍受自己是糟老頭、一個年輕漂亮的女性不能忍受自己是老太婆，這叫「不許人間見白頭」。

以前我說過，為什麼那麼多青春貌美的藝人走的時候年紀都不大？例如梅豔芳、張國榮、鄧麗君，尤其是演藝人員更在乎外表，外表代表了一切，這也說明了為什麼許多年輕人自殺。我相信有些人也曾發過這樣的願：「我只活到四十歲就夠了。」有的是為了青春美貌、有的是怕生病，但是請告訴自己：「我五十歲時會更有氣質。」

大多數人的信念都是，過了四十歲健康就要開始走下坡，所有的醫學觀念也一直認同，但是，凡與賽斯和許醫師所說的抵觸者無效。憑著信念創造實相，把這句話當成精神信仰，我們集體產生的信念磁場也會有很實質的效果。

對這些自殺的年輕人而言，生命的巔峰在望，只維持一會兒，然後就被奪走了。過度的強調被放在年輕的美和年輕的建樹上，以致顯得是，生命其餘的活動必然都相形失色。這是很錯誤的觀念，我們賽斯思想在打破這樣的概念。

藉經驗得到知識不被認為是個夠實際的學習方法，老年人的智慧不受到看重，以致隨歲月而來的技巧與瞭解鮮少被納入考量。賽斯一直說，有時候人的年紀越大，心智長期跟時間玩遊戲的結果就是智慧的成長。雖然我說過，我們神性的自己是同時性的存在，不過人性的自己也是在時空當中歷練，而隨著時間累積的不是大腦的代謝毒素，還包含了智慧。有錢讓人覺得很富足，有智慧讓人懂得珍惜和享受這個富足。有位同學告訴我，他常常感歎，不知道是無常先來，還是未來先來？但是如果有了智慧，就可以選擇讓哪一個先來，而且不管哪個先來都好。

我們在這邊強調的是，隨著時間而累積的技巧和智慧。賽斯說，如果對賽斯心法有足夠的深入，所謂的青春美貌的確可以延長到比現在大家以為的更久。意思是，甚至到了七、八十歲，都有可能看起來只有四、五十歲。在我的門診曾經有個九十幾歲的老人家，看起來才四十幾歲，不只是外表，我說的不是拉皮，而是他走路的時候關節是軟的，像小孩子走路的方式。所謂的老化的確會因為對身心靈概念的認識而大有不同，我們希望大家來做見證。

49-6

‧面對未來的負面投射，讓許多青年情願在發現自己退化後決定死掉

（《健康之道》第三八三頁第一行）再次的，到某個程度，宗教與科學，尤其是醫學，彷彿全心在鼓勵有關人性最負面的信念。人們視為理所當然，所有精神的、身體的、心靈的及情感的滿足，都隨著年歲的增長變差。我們所有的學科都在強調人的精神、身體、心靈、情感的滿足，會隨著年紀增長而變差，但事實並非如此。

人們視為理所當然，記憶喪失、身體變弱、感官遲鈍，而情感的生鮮度黯淡了。在四、五十歲之後，甚至想像性活動都常被認為是可恥的了，因為性被認為是年輕人的專利，過了四、五十歲，如果還有很強的性欲，其實不太容易啟齒。

沒有學過賽斯思想的人，從小、從年輕就累積這些信念。全世界都相信年紀越大，記憶力會變得不好、身體變弱、感官變遲鈍、情感的生鮮度黯淡了，但是賽斯思

想就是在打破這種觀念，大家過去所學的只要與賽斯和許醫師學的有所抵觸都無效，我只要大家試半年、一年看看，用試出來的成果給大家看。

很多人在推廣賽斯思想時遇到瓶頸，我常告訴他們，很簡單，不需要去說服周遭的人賽斯、許醫師說了什麼，當有人問：「你怎麼保持年輕健康的、你怎麼活得這麼好？」這時就可以跟他推廣賽斯心法了。像有一次我坐計程車，跟司機說：「我二十年沒看病吃藥了，現在生病都會自己好。」他問我是練什麼氣功？我說我沒練氣功，是學習賽斯心法。他問哪裡可以學到賽斯心法？我就拿一張名片給他。根本不需要告訴他什麼叫賽斯，只說學了會變快樂、健康、年輕就好。很多女人一輩子花在化妝品上不少錢，學賽斯心法就可以省下這些錢，真的很划算。

面對那樣一種未來的投射，難怪許多青年情願在看到退化的第一個暗示，比如說第一條皺紋或第一絲灰髮之前就死掉。許多年輕人不一定是自殺，也許是意外死亡。自殺有個高峰期，就是年輕人要進入成年。其實所有的年輕人都被暗示：已經過完生命中最美好、最青春美貌的日子，剩下來就是走下坡。過了青春年少，每過一天就丟人現眼一天，健康也是，既然過了真正的黃金健康時刻、過了體力的巔峰，健康只會一天不如一天，進出醫院的時間更長，讓自己蒙受更多的羞辱、痛苦，更沒有尊嚴，為什麼要過下去？

許多年輕人面對這樣的投射，情願像賽斯提到的，在面對衰老的第一個徵兆後就死掉，也許是生病、車禍或自殺，至少所有人會把對他的印象停留在最年輕的時刻。就像大家絕對無法想像老年的張國榮是什麼樣子，他自己能忍受嗎？我相信許多人也不想忍受，但是也沒有勇氣去死。在學了賽斯心法之後，就會瞭解事實不是這樣。

49-7

・整個廣告和商業世界，都反映對青春的榮耀及害怕變老的恐懼

（《健康之道》第三八三頁第六行）這種衰老的自然信號必然多麼顯得像是災禍的先驅啊！一連串心智、身體、美貌的衰敗。而在天平的另一端，較老的雙親被他們的成年兒女對待，好像他們正落入一個二度童年的怪誕版本裡，許多年老的父母被孩子以這樣的心態對待著。

許多人真的對較老的人說話較大聲，無論他們有沒有任何的聽力問題。這句話有點黑色幽默，許多人對老年人說話時，會特別用愛心不自主地放大音量，這已經是一種潛意識的習慣成自然，如果對方還沒有重聽，也收到了暗示。賽斯舉這個例子，是讓大家知道我們受這樣的信念影響有多深。

我們整個貿易和廣告、競爭和商業的世界，都延長這態度。這還不算娛樂工業的

衝擊，它反映對青春的同樣榮耀化，及害怕變老的恐懼。說實話，這都是我們每個人的問題，所有的小孩子都渴望變成成人，可是所有的成人都渴望不要變成老人。我們所有的化妝品、多少的市場是在滿足大家不想變老的渴望，例如人工關節、人工水晶體、老花眼鏡，一切都在提醒大家變老沒什麼好光彩的。

我要告訴大家，一走進我們的賽斯村，就會把年齡和鞋子留在外面，在那裡年齡不是標籤，不當作一種重要的參考，那是回來認識神性自己的地方，那邊沒有敬老尊賢這回事，如果要吃飯不會有人讓座，搶不到位子就站著吃，下次跑快一點，就會自動恢復年輕。我的意思是，年齡有時候真的是一種根深蒂固的信念。

49-8

• 光是年齡這個因素，不會讓身體衰老

（《健康之道》第三八三頁倒數第六行）變老有非常明確、絕佳的邊際效應，賽斯想要向讀者保證，基本而言，並沒有單單被年老帶來的疾病。賽斯說了算，這違背了多少的醫學常識。在我所學的醫學專業裡，單單年老，人就應該得慢性病、心血管退化、老人痴呆、骨頭關節退化，所有的細胞都要衰老、多重器官衰竭。可是賽斯說，從來沒有一個病是被年老帶來的，光是年齡這個因素，不會為身體帶來任何的衰老，而所有其他的東西都是跟年老的邊際效應有關，而不是單一的變因。

身心靈健康的第四定律：光是年齡這個因素，不會讓身體衰老。年老不會帶來任何疾病，帶來疾病的是孤單、寂寞、退休、自覺沒有用、負面思想、負面情感。

身心靈的第五定律：人早晚要死，但不一定要生病，生病而死只是所有死亡的方式

之一。以後在賽斯村裡，可以選擇生病死，沒有人會責怪，但是更好的選擇是不生病也可以死。

我們這邊學的是這樣的智慧及擔當。得癌症的人可以告訴癌症：「老娘想死我自己會解決，不用你來代勞，我不需要你了。」癌症會對你說：「你自己要找我，我有什麼辦法？你不需要人家代勞，就要真的自己面對了。」

• 身體往往因為用得越來越少而被用壞

身體往往因為用得越來越少而被用壞，光是這句話就要建立一個全新的老人醫學。老人家的骨頭、關節退化，心血管疾病，是因為勞動變少、運動變少，越用越少，所以壞掉了。很多人的觀念都錯誤，以為有退化性關節炎要少動，其實還是得動，只是不要劇烈的動，慢慢開始，一樣可以動得很好。

很多老人家會失眠，是因為活動量太少，可以四、五點起來掃公園、掃巷道，修剪社區公園的樹。如果是退休的木匠、鐵匠，把社區的東西好好整理一下，人人都是志工，這個社會需要每個有手有腳的人去動，去當一切萬有的志工，老闆就是一切萬有，去做沒薪水的，反而更快樂、更健康。只要能動，每個人都要動，失業的要動，家庭主婦要動，小孩子要動。如果我是校長，會鼓勵各級學校的學生，每個星期做半天的社區服務，從小就要養成服務的習慣。

大家現在是賽斯學院的學生，我常跟志工說，早一點來的把我們這條巷道掃乾淨，把花盆擦乾淨。把心打開，這個社會需要我們很多的愛及行動，馬路這麼髒，環境這麼亂，怎麼可能會無聊沒事做？每個地方都需要我們投入，把愛的能量散發出來，我們就是生命的志工。我希望以這樣的精神來鼓勵所有人，而且我保證，如果有了這樣的心態，一定會更快樂、更健康。

很多人在年輕時加入各式各樣的社團，活動量很大，現在很久沒有運動，所以活動量不夠，開始退化了。身體真的是用的越來越少，才會壞掉。有這麼多的時間、精力，要用在有建設性的方向上。

49-9

・身體裡面的生命力不會用完或變少

（《健康之道》第三八三頁倒數第四行）身體往往因為用得越來越少而被用壞，而那是由於對在生命晚年裡的健康肉體之真正能力少有研究，我們的研究太少了。那段歲月也包含某些節奏，在其中，正常的療癒過程是非常加速的，而在身體內的生命力本身並不會用完或變少。請記得這句話，身體裡面的生命力不會用完或變少。

衰老是正在開始一系列把生命力轉到另一個層面的過程。看到一個老人衰老了，其實他並沒有衰老，只不過是把生命力轉移到另一個層面。癌症也是一樣，癌細胞是全身生命力最強的細胞，由於當事人每天沉浸在痛苦、不肯改變的環境中，生命力及改變的力量出不來，癌細胞只好代勞。癌細胞竟然具有最強大的生命力，這一點真的讓我很感嘆。

只要不是殺人放火，不是蓄意傷害他人，只要利己利人，那麼就去行動、去改變，否則怎麼活下去？拿出生命的勇氣，除了要一時衝動，還要配合理性、思考，一直把衝動變成行動。人活著就是要行動，不行動生命就會有很多的災難和痛苦隨之而來。

而在身體內的生命力本身並不會用完或變少，人的生命力甚至可以越用越多，所以七、八十歲可以過得比三、四十歲更健康、更有光彩，比四、五十歲更有體力、更有衝勁，而且這時候的衝勁不需要跟三、四十歲一樣，為了三餐、現實、家庭、孩子而奮鬥，可以全力為了自己而奮鬥，生命力不會隨著時間而變少。

每個春天都是第一個春天，都跟一百年前、一萬年前的春天一樣青春。同樣的，未來的春天也不會更不青春。許多人沒有了悟到生命力的本質，所以得到老年痴呆、退化、罹患癌症，這都是因為生命力出不來，被種種的障礙性信念阻礙住了。

賽斯說，他的年紀比地球形成的年紀還老，也就是在地球形成之前，他已經是賽斯了。他說：「如果讓你們知道我多老，你們會嚇得不知道該如何是好。可是像我這隻老鬼還這麼青春洋溢，你們這些人怎麼可能會覺得年紀大了、沒有生命力、沒有時間、沒有體力？」像他這麼老的傢伙都還這麼活力充沛，從這個宇宙吼到另一個宇宙。我們有這麼大的生命力等著我們去用，而且神性的自己正在等著我們，每個人的生命都可以發光發熱，未來的每一天都可以比過去的每一天更燦爛。

49-10

‧不論現在的年齡或境況，我們真的能從頭來過

（《健康之道》第三八三頁倒數第二行）在任何時候，生命力的表達可能被阻礙，但每個個人獨特的能量並不會單單因為年紀而枯竭。可是所有的科學、醫學理論都告訴大家，年紀越大，氣血越衰敗，所以看著一個老年人時，會說他的氣血用完，精力用盡，生命力不行了，從青春的巔峰開始走下坡，已如風中殘燭。

如果按照醫學理論，在座每個同學都在走下坡路，而且有些人快到坡底了。可是，我們今天給大家一個很重要的概念，賽斯心法說，每個人獨特的能量絕對不會因為年紀而枯竭，七、八十歲真的可以有三、四十歲的巔峰，我說的不只是一種氣質，而是健康和體力。

今天把這個概念記起來，把過去所有的觀念洗掉，這是要下功夫的，因為過去所

有的慣性是累積而來，所以我建議大家，現在也要開始累積這樣的思想。上課時就告訴自己要吸收這些概念，回家的每一天不斷在腦海中重複這些概念，然後再告訴自己的孫子，因為去跟別人說，就是讓自己不要忘記的最佳法門。

比如，回家告訴孫子：「我今天學到一個賽斯心法，光是年齡這個因素並不會讓人的氣血衰敗，信念創造實相。」而且叫他要提醒你。有一天當妳告訴他：「哎呀！奶奶不行了，你去玩就好。」孫子就會說：「奶奶，妳以前教我，人的精力不會隨著年紀減少，妳應該陪我去玩。」或是兒子找你去看電影，你說：「這是你們年輕人的電影，我們年紀大的人不要去了。」兒子就會說：「爸爸，你不是在學賽斯心法嗎？」讓周遭的人不斷提醒，透過這個過程，信念反而會不斷加強。

賽斯邀請所有的讀者重新來過，他要我們瞭解，我們真的能從頭來過，不論現在的年齡或境況。每接觸到賽斯思想，就像是第一天接觸到一樣那麼震撼，就好像從盤古開天闢地以來第一天聽到這個說法，就是這種感覺。不管在何時何地，都可以重新開始。

我在《愛是你，愛是我》那本書中教大家做一個練習，假如在四十歲第一次聽到賽斯心法，就想像四十歲的你，回去接生剛生下來的自己，告訴他：「不用擔心，第一、我是你未來的自己，你未來的一切都很好，而且我會每天陪在你身邊。第二、我會一邊學習賽斯思想，一邊從小教你。」如此一來，不但四十歲的你在成長，零歲的你也已經開始學習了。回到小學、國中、高中、大學的自己，你早就從年輕的時候開始學習了。

當下回去改變過去，這是賽斯心法的時空膠囊，有如這輩子一生下來就開始接觸賽斯思想，到後來會覺得理所當然，聽到其他不一樣的想法，反而會覺得：「奇怪，他們怎麼會這樣想？我都不是這樣想的呀！」整個生命會全然改變。

第
50
講

50-1

•一旦開發出神性的自己，身體就會慢慢健康起來

有同學分享，他感覺到我在做感覺基調時，從我的丹田發出雷射光束，就像點火柴一樣，去點每個同學丹田的位置，這大概是前半的時間，後半的時間，他開始感覺到一顆越來越亮的光球，像太陽一樣往外輻射出去。

說實話，聽了他的話我嚇一大跳，因為他完全描述了我正在做的事，我以為只有我知道，可是他看到了，而且感覺到了。他所說的前後順序和手法竟然絲毫不差，讓我很訝異。當我進入感覺基調時，我就在這麼做，而且會產生上述這種狀態，因為現場有一位同學是鼻咽癌，轉到骨頭和肝，而我左邊的一位同學是乳癌，我在幫助大家。

我要帶領各位深入賽斯心法的感覺基調練習，這就是連接人性和神性自己的一個

能量管道。這不只是練習，而是用整套賽斯思想作為理論基礎，所以如果不看賽斯書或我的書，也不聽有聲書，做這個練習可能沒有感覺。因為做任何練習，都要先有一個概念和理論基礎，不是瞎練。

請大家要加強的部分是：如果可能的話，賽斯書要更深入，看不懂沒關係，一頁看懂一句就好。看我的書比較容易懂。希望大家以賽斯的思想概念為主，再去做這些練習。

最近有學員一直在問神性的自己和人性的自己，接下來，我就告訴大家實際的操作方法。如果真的開發出神性的自己，那麼身體會慢慢健康起來，就算是第四期癌症，保證「一定」會好，不是「可能」會好。這就是我的認知，我就是百分之百的相信。

神性的自己代表宇宙的能量，包含了身心靈健康的第一和第二定律，也就是，人本來就會健康不應該生病，及人有偉大的自我療癒力。

光是人性的自己不夠，會受苦受難，生病也不一定會好，大家要做的是認識身體的神性面。人的肉體有兩面，一面是肉體，另一面是神性。一直醫肉體，開刀、化療、放療、吃藥，沒有用。肉體也有神性面，就跟人性一樣，人性有醜陋、自私的地方，但人也充滿了愛、智慧和慈悲。我今天不但告訴大家肉體有神性的一面，還要帶大家一同來開啟。我們走的是實修路線，不是光講理論，同學的癌症會好起來就是這個原因，我希望帶領大家真的進到神性面。

50-2

• 越能感覺到神性的自己，就越能彰顯出祂的光芒與能力

我的書《你可以喊暫停》中「唵（o－m）」的練習，也是為了要打開神性面的力量，念這個音，等於用這個聲音的振動打開這道門，就像超音波一樣。覺基調從哪裡來？其實所有的感覺、生命力、生命的能量都是從丹田而來，因為丹田在身體的中央，這就是感覺基調的發源地，當我們說觀照身體的中心，很自然會把重心放在臍下丹田的地方。

現在，我試圖用賽斯感覺基調的理念來帶大家做這個練習，重點是要去感覺到它，比如呼吸，你可以去感覺呼吸嗎？可以，可以不去感覺它嗎？也可以。像同學現在兩隻腳疊在一起，可以去感覺雙腳緊緊疊在一起的感覺嗎？可以，但是也可以專心聽我說話而沒有感覺到。所以，感覺是可以動的，可以練習覺察到一直存在但之前沒

有感覺到的東西。請各位開始用感覺去感覺自己的感覺基調、神性的自己，每個人都有一個神性的自己，越感覺到它，它就越能透過你而顯現它自己。

何謂神性的自己？就是愛、創造力、智慧和神通。一旦神性的自己慢慢顯現出來，身上的病一定會好，同時也會慢慢擁有智慧。智慧就是身心靈的第三定律，肉體是心靈的一面鏡子。去找到反應在身體疾病背後的心靈原因，心就會越來越清明、有智慧，在做很多事情的時候都會如有神助。例如一個憂鬱症的人，我會跟他說：「你神性的自己會醫好你。」如果聽得懂這句話，內在神性的自己自然會帶來力量。越去感覺到神性的自己，就越能透過你和你的日常生活彰顯出祂的光芒與能力。

在我自己的練習當中，可以進入這樣的狀態，我也能使用這個能力來幫助人。就像前面跟大家說的，我本來以為幫助人這件事只有我自己知道，可是我們的同學發現了，所以他在描述時，我還真的嚇一跳，因為他所描述的跟我在做的一模一樣，而且我沒有跟他說，我也覺得很神奇。我希望每位同學除了看賽斯書、我的書，聽有聲書之外，有時間就盡量做這個練習。

對古代人來說，這叫練氣功、坐禪或靜坐，其實都是一樣的，就是進到感覺基調，開啟神性的自己。神性的自己俱足了愛、智慧、創造力和神通。我希望同學能進到這個修煉裡。

50-3

・感覺基調練習

現在，我帶大家做感覺基調的練習。請關手機，燈關掉三分之二，以最舒服的姿勢坐著，如果沒辦法坐就躺著。我還是要再強調一次，這些練習都要以賽斯書和我寫的書作為理論基礎，才會事半功倍。

放鬆身心，你有一個人性的自己，也有一個神性的自己。內在神性的自己代表了不可思議的自我療癒能量，代表了愛、智慧、創造力及神通。因為每個人都有內在神性的自己，透過感覺基調的練習，讓人性的自己進到神性，神性的自己就會展現出來。

請同學放鬆身心，漸漸忽略外在的刺激，將注意力、覺察、感覺向內集中，往內感覺，向內在生命的中心感覺。可以把焦點放在身體中心或丹田的位置，去感覺生命深處的能量、內在能量的泉源。內在神性的自己有偉大的光及愛，由內而外，展現出不可思議的自我療癒力。內在的能量、內在神性自己的能量逐漸顯現出來。向內感覺最深的生命能量，進入感覺基調，全心全意摒除雜念。

我數到三，結束這個的練習，「一、二、三」。如果你沒有感覺沒關係，至少也有睡著。其實這個練習最重要的還是放在「感覺」兩個字，大家要做的就是把很多的思想放掉，往內感覺，直到感覺到內在的能量，一旦感覺到內在能量起來時，整個能量就發動了。

50-4

・開始找回神性的自己，內在的豐富自然會顯現於外

賽斯書《個人實相的本質》第三十四頁提到，感覺基調的練習越沒有框架越好，因為這個練習本身就是不要用任何派別的思想去想「這是不是我的氣」、「是不是我的元神、我的丹田」？

簡單的指示就是，回去找到自己的感覺基調及內在神性自己的能量，這個能量由內而外。我們說過，身體是心靈的一面鏡子，凡所有的外在都是內在的顯現。

我曾在深圳幫同學上課，他們現在的物質條件越來越好。我說過，人類的文明有兩條路，第一條路是大家的內心很空虛，內在是空虛、寂寞、不平安、恐懼的，所以需要房子、車子、妻子、銀子等很多外在的名利、地位、健康來讓內心不空虛。但是外在的東西越多，內心越空虛，就算追求了一輩子都填不滿，而這樣的追求到最後會

導致個人、健康、經濟的崩潰，或是在臨終時覺得一無所有，現出大恐怖，形成一個社會的泡沫經濟、整個家庭的家道中落或崩潰。不管外在再怎麼追求，內在都是匱乏的，從來沒有花時間進到內心去找神性的自己及內在的能量。

第二條路是開始向內，找到最深的感覺、內心的充實與平安、內在的感覺基調及神性的自己。很多人上我的課，剛開始都模模糊糊的，我還跟同學開玩笑說：「你們聽完許老師的課，是不是覺得好像抓到東西，可是都沒抓到？」他們說：「對。」我說：「這就是你們對自己心靈的感覺，好像聽到一些東西，又很不具體、不踏實。對不對？」他們又說對。我說：「你們會說對，就是對的感覺了，因為你們的心靈一直是不踏實的。」

物質的東西很具體，心靈的東西很模糊、很不具體，但是一定要開始回來找豐富的內心及神性的自己，如此一來，所有內在的豐富都會自然而然彰顯於外，因為所有外在的一切都有根。現在很多人心中沒有根，很不踏實，再多的錢也沒有安全感，生病了更沒有安全感，都要靠別人幫忙，心裡是慌的、虛的、空的。

有的父母會拼命想限制孩子，想管別人是因為自己裡面是空的，所以賽斯心法要讓大家回到內心的踏實，一旦內心豐富了，就會開始彰顯在生活中。過去所有對宗教的追求，統統會在自己的神性裡彰顯出來，以後神不再是宗教上的名詞，而是你表現出來的行住坐臥，神就是你彰顯出來的一種氣質，不是空虛的東西，而是真的越來越能看到所有問題的答案，智慧增加了，內在的靈感和直覺也增加了。

甚至我說過，得到癌症、SARS、糖尿病、高血壓，不吃藥都會好，因為內在生命的能量發動了，開始認識什麼是生命的本質。神性的自己慢慢在生活當中展現出來，周遭的人會感覺到你的不一樣，你的喜悅、自在、力量感，真的會把愛跟這個世界分享。

• 內在神性的自己會提供神聖的衝動指引你

人類偉大的時代到了，所有人類都要回來重新認識神性的自己，這也是我治療疾病的方法。越認識到神性的自己，生活不再迷失、痛苦，會知道有一個內在生命的能量在指引、支持，而具體顯現出來的是內心越平靜、越有力量，身體更健康。但是，神性的自己要跟人性的自己搭配，以前人性的自己是一直往外求，向外抓、競爭、對立，否認內在神性的自己，現在我們人性的自己要往內。

如果找到內在的充實和豐富，連物質生活都會開始豐富，因為以前是用匱乏的自己去創造實相，所以生活過得很苦，錢不夠用，而一旦找到了內在的豐富，所有外面的世界、整個人生都會開始豐富起來，因為所有外在的能量都因內在的能量活絡而跟著活絡了，凡所有內在的東西都會顯現到外在。

我要帶大家進到內在，成為腳踏實地的理想主義者，去覺察神性的自己、瞭解內心的衝動。跟隨神性自己的衝動，然後以人性的自己來採取行動。我說過，神性的自己會提供衝動，人性的自己要加上理性、思考和計畫而去採取行動。

如果可以透過感覺基調的練習及跟隨內心的衝動，由人性的自己採取行動這兩個途徑，把內在神性的自己彰顯出來，就會在生命中做到很大的突破，重新找回自己。讓人性的自己在思想、自我限制、框架上有所突破，只要不是殺人放火，都可以做，內在神性的自己會提供神聖的衝動指引你。

50-5

‧把焦點放在自己使得上力的地方

有位同學一直把注意力放在檢查報告，我來談一下這件事。醫生看到檢查報告，會知道要幫病人做什麼檢查、要不要加藥或開刀。比如，我是醫生，我知道病人的血小板、血色素數值，可以決定要做些什麼，或是什麼都不能做。但是，病人看到檢查報告卻什麼都不能做，都是由醫生決定，病人只能接受或不接受醫生的做法。所以，檢查報告是醫生看了有意義，對病人來說沒有意義。對病人而言，看到檢查報告也只有兩個心情：高興或悲哀。

病人那麼在意不能決定的東西，活在檢查報告中，浪費很多時間和精力在沒有力量的地方上。關心檢查結果如何、下次去哪裡檢查、要找誰檢查，永遠把注意力放在關心卻使不上力的事情上。

台南有位同學得到轉移性的腺癌，他說：「我把注意力放在病上面沒有用，我要把注意力放在我沒有病上面。」所以，我要問各位同學：「你們把注意力放在病上面，還是放在沒有病上面？」集中焦點在什麼，就會得到什麼。集中焦點在生病上，得到的就是生病，如果集中焦點在沒有病上面，得到的就是沒有病。

這位同學很有趣，自從知道醫生對他的病無計可施後，他就說：「我的病連醫生也不能怎麼樣了，那我還要對我的病怎麼樣嗎？」後來他明白，他不想對他的病付出任何注意力，他要把注意力放在可以怎麼活上面，關注下一階段的人生要怎麼走。從那天起就不管他的病了。

請把焦點放在自己有力量的事情上，放在怎麼活、如何快樂、哪裡是生命的力量上。就像我教各位的，把注意力放在神性的自己上面，焦點越放在神性的自己上，就越能彰顯出神性。從今天開始，就開始感覺到神性的自己，神性的自己越來越強烈，內在就會有無窮盡的愛、偉大的創造力、自我療癒力、智慧和神通。我不是天生就有神通的，也不是宿命通的人，我是慢慢修煉賽斯心法，讓自己產生這些能力。

人可以敏感，可是不需要被敏感所困擾，也不要被敏感所捲走。敏感是指感覺得到，但不表示要神經兮兮。感覺到冷時，不代表要跟著變冷；感覺到別人的生氣時，不代表必須被他的生氣所激怒或害怕。只是感覺到，不一定要為之所動，如果定力的部分不夠，就要加強。

50-6

‧女人失去創造力和獨立的能力，能量出不來會長子宮肌瘤

一位大陸的同學給我看她的子宮超音波影像，子宮肌瘤大小是九‧七公分乘六‧四公分乘四‧八公分，問我怎麼辦？我就問她：「妳打算怎麼辦？」她說之前懷了一個小孩，可是因為子宮肌瘤太大，懷孕末期可能會產生其他變化，醫生建議直接人工流產。她說想再生一個小孩，我開始問一些她的狀態。

還記得前面講過跟子宮有關的疾病嗎？第一、她說對先生很依賴，她講這句話的時候我嚇一跳，因為跟我們書本講的一模一樣。當一個女人在兩性關係裡過分依賴男性，那麼這個女人的獨立性、創造力會出不來。我不是說女人不應該依賴男人，但那種依賴是，「我感覺我沒有能力才依賴他」，是自己的能力出不來的一種不健康的依賴，她自己也知道對先生過度依賴了。

第二、在婚前先生就不斷有外遇，婚後還是繼續有外遇，也傳染過好幾次性病給她，後來她對跟先生之間的性越來越討厭，生完小孩後，起碼有五、六年不再跟先生有性關係了。她的先生外面有女朋友，她自己也交了一個男朋友，也有性關係，她不愛先生了，比較愛外面那個男人，而外面那個男人也有他自己的婚姻。

我問她：「你想生下一個小孩，想生誰的小孩？」這是我很關心的問題。她說她想生先生的小孩，這時我就有點迷糊了：「妳不愛先生，這五、六年來跟先生幾乎沒有性關係，又想生一個妳不愛的男人的小孩，可是妳外面有妳所愛的男人，那個男人又有他的婚姻。請問妳對性的態度到底是如何？」這其中有太多矛盾了。

這兩大原因加起來，就是子宮肌瘤最大的原因。她對性的心態很矛盾，想生小孩、又很傳統，覺得女人應該生先生的小孩，我說：「妳外遇的那個對象的太太知道你們的關係嗎？」她說不知道，我說知道會怎麼樣？她說知道就慘了。我問：「妳跟那個男人在一起發生性關係時，有沒有心理障礙？」她說：「有。吃了這一頓，不知道有沒有下一頓。」她對性、對愛有著矛盾，很想要有性，可是又跟自己的傳統觀念衝突。她幫先生創業，兩個人一起做事業，又很依賴先生，自己的力量出不來。

我說：「如果妳要生下一個小孩，就去找個願意幫妳拿掉子宮肌瘤而不拿掉子宮的醫生。如果沒有那麼急，我建議妳不要生，先弄清楚妳要什麼，因為到底妳要生誰的孩子我也不知道，是妳所愛的外面的男人、還是妳不愛的婚姻裡的男人？妳不愛先生，只因為他是妳先生，所以要生他的小孩，這樣對孩子很不公平，因為孩子出生不是基於愛，而是基於不得已。」

她覺得太依賴先生，根本沒有自己的朋友及生活，沒有自己能做決定的空間。我說：「夫妻彼此關心沒有錯，但不是病態的依賴。子宮是創造、孕育生命的地方，如果一個女人失去了自己的創造力、獨立的能力，那麼能量出不來，就會長子宮肌瘤。」現在很多女人長子宮肌瘤，因為她們不得不走上獨立的方向，可是內心又很渴望找個人來依賴，所以要去解決內心的衝突，一旦解決了，子宮肌瘤就會消掉。

我在幫這位大陸同學時嚇一跳，因為她的狀況跟我在台灣的一位同學一模一樣。我那位個案今天又到門診來，以前也是因為月經的問題來找我，每次月經來就痛到在地上打滾，她有子宮肌瘤，妨礙子宮收縮，月經量很多，又拖得很長。之前婦產科醫生說，反正也不生小孩了，把子宮拿掉算了，她一直不願意，所以來找我。

我跟她說：「妳是一隻幸福的金絲雀，被關在牢籠裡。妳回去跟先生商量，看看能不能有自己獨立的空間。」兩人商量後，她最近在外面一間百貨公司工作，有一陣子月經都很順，子宮肌瘤的毛病不再犯。最近她又開始來處理更深的問題，就是她覺得自己沒有力量，還是很依賴先生。

50-7

• 遇到困難時，要相信神性的自己會鼓勵人性的自己

依賴沒有不好，可是不能只是依賴，依賴是為了自己的獨立做準備。任何人都會依賴，我也很愛依賴，但我知道我為什麼依賴，我容許自己依賴，而不是我不得不依賴。

大家要問自己的是：「你依賴是出於選擇，還是出於無奈？」如果是無奈的依賴，就是病態依賴，因為如果沒人讓我依賴，我就死定了；如果是出於選擇，就是我可以依賴，因為我也可以不依賴，依賴時我可以很懶惰，但是不代表沒那個人我會活不下去，而是愛的互助合作，這不是不健康的依賴。比如，我們吃米飯，如果有一天買不到飯，會不會餓死？如果會，就是不健康的依賴，如果不會，那也不一定非要吃米飯不可。

我的意思是，要找回自己的力量。持續做練習，先把概念建立起來：你不只有一個人性的自己，你還有一個神性的自己。

我舉個具體的操作，遇到困難時，當下告訴自己：「我現在遇到一個困難，我有兩個自己，人性的自己不知道怎麼做，但神性的自己知道。」如果面臨一個生命的難題，比如得到子宮頸癌，人性的自己可能沒辦法，可是有一個神性的自己可以醫好，而且會自己好起來。要是現在人生遇到痛苦，人性的自己在痛苦，還有一個神性的自己可以讓自己不受苦，現在就要開始去傾聽那個自己的聲音。

只要相信有一個神性的自己，自然會感覺到祂開始出現在生命中，也會感覺到祂逐漸顯露出來。比如我遇到一個困難不能解決時，我會說：「我人性的自己說無法解決，可是我內在神性的自己說，哪有什麼不能解決的，問題其實很簡單。」我人性的自己痛苦沮喪時，我神性的自己說：「那就是學習和功課，愉快地感受這一切吧！生命的本質就是愛，哎呀，你又忘了賽斯說無可救藥的樂觀主義者。」我神性的自己會用賽斯說的話來鼓勵我人性的自己，所以，我讀過的每一句賽斯的話、我思考過的每一個道理，都會被神性的自己用來鼓勵人性的自己，當我悲哀寂寞，那個聲音會引導我。

要讓神性的自己有材料可以用。我常常說：「看不懂賽斯書，是你人性的自己還沒看懂，神性的自己可是看得很高興。」神性的自己會不斷把融會貫通後體會到的智慧給我，有一天我的頭腦就會「噹」一聲，忽然想通了，即使發生一樣的事，我不再像以前那麼痛苦。以前別人欠個十萬我就活不下去，現在欠一千萬我還覺得無所謂；以前他這樣罵我，我氣得要命，現在他這樣罵我，我反而覺得他會爆血管。

久而久之，會慢慢改變，越來越開心，因為神性的自己顯露在生活中。所以，我們就是一群慢慢彰顯神性自己的實習神明，憑著我們是實習神明，有什麼資格病不好起來？頂多實習得差一點而已。

我們每一堂課首尾貫穿，不斷加強，增加大家的體會。身為實習神明，這輩子最神聖的工作就是彰顯神性的自己，那些對自己、對家人朋友、對周遭人無盡的愛，還有智慧、創造力、神通，都要一個一個彰顯出來。這才是整個人類將來要走的道路，唯有走上這條路，才能看到真正的光明和希望。

愛的推廣辦法

看完這本書，是否激盪出您內心世界的漣漪？

如果您喜歡我們的出版品，願意贊助給更多朋友們閱讀，下列方式建議給您：

1.訂購出版品：如果您願意訂購一千本（印刷的最低印量）以上，我們將很樂意以商品「愛的推廣價」（原售價之65折）回饋給您。

2.贊助行銷推廣費用：如果您認同賽斯文化的理念，願意贊助行銷推廣費用支持我們經營事業，金額達萬元以上者，我們將在下一本新書另闢專頁，標上您的大名以示感謝（每達一萬元以一名稱為限）。

請連絡賽斯文化或財團法人新時代賽斯教育基金會各地分處，我們將盡快為您處理。

●愛的連絡處

如果您認同本書的觀念及內容，想要接受我們的協助；如果您十分認同本書的理念，想依循本書的觀念成為一位助人者的角色；如果您樂見本書理念的推廣，而願意提供精神及實質的協助；請與財團法人新時代賽斯教育基金會各地分處連繫：

●台中總會　電話：04-22364612　傳真：04-22366503
E-mail: edu10731@seth.org.tw
台中市北區崇德路一段六三一號A棟十樓之一

●台北辦事處　電話：02-25420855
E-mail: taipei@seth.org.tw
台北市中山區長安東路二段四九號六樓

●新北辦事處　電話：02-26791780
E-mail: xinpei@seth.org.tw
新北市新莊區思源路一七三號十二樓

●新竹辦事處　電話：03-6590339
E-mail: hsinchu@seth.org.tw
新竹縣竹北市嘉豐六路一段九六號二樓

●嘉義辦事處　電話：05-2754886
E-mail: Chiayi@seth.org.tw
嘉義市吳鳳北路三八一號四樓

●台南辦事處　電話：06-2134563
E-mail: tainan@seth.org.tw
台南市中西區開山路二四五號十樓

●高雄辦事處　電話：07-5509312　傳真：07-5509313
E-mail: kaohsiung@seth.org.tw
高雄市前金區中山二路五〇七號四樓

●屏東辦事處　電話：08-7212028　傳真：08-7214703
E-mail: pintong@seth.org.tw
屏東市廣東路一二〇巷二號

●賽斯村　電話：03-8764797　傳真：03-8764317
E-mail: sethvillage@seth.org.tw
花蓮縣鳳林鎮鳳凰路三〇〇號

●賽斯TV　電話：02-28559060
E-mail: sethtv@seth.org.tw
新北市新店區北新路一段二九三號七樓之三

●香港聯絡處　電話：009-852-2398-9810
E-mail: info@seth.hk

●深圳市麥田心靈文化產業有限公司　許添盛微信訂閱號：SETH-CN　微信：chinaseth　電話：86-15712153855

●新加坡賽斯基金會　電話：8699-5765　E-mail: sethsingapore@hotmail.com

●馬來西亞賽斯教育基金會　電話：016-5766552　E-mail: admin@seth.org.my

●澳洲賽斯身心靈協會　電話：006-432192377　E-mail: ausethassociation@gmail.com

●台灣身心靈全人健康醫學學會　電話：02-22193379　傳真：02-22197106
E-mail: tshm2075@gmail.com
新北市新店區中央七街二六號四樓

賽斯文化 特約點

台北　佛化人生　臺北市大安區羅斯福路3段325號6樓之4　02-23632489
　　　墊腳石重南店　臺北市重慶南路1段3號　02-23708836
　　　水準書局　臺北市浦城街1號　02-23645726
中壢　墊腳石旗艦店　中壢市中正路89號　03-4228851
新竹　墊腳石新竹店　新竹市中正路38號　03-523-6984
台中　諾貝爾旗艦店　臺中市公益路186-2號　04-2320-4007
斗六　田納西書店　雲林縣斗六市民生南路6號1F　05-532-7966
嘉義　墊腳石嘉義店　嘉義市中山路583號　05-2273928
台南　政大書局台南店　台南市中西區西門路2段120號B1　06-2239808
高雄　青年書局　高雄市青年一路141號　07-332-4910
　　　鳳山大書城　高雄市鳳山區中山路138號B1　07-743-2143
　　　明儀圖書　高雄市三民區明福街2號　07-3435387
花蓮　政大書局花蓮店　花蓮市中山路547之2號3樓　038-316019

依爾達 特約點

台北　玩賽斯工作室　台北市大安區雲和街63號　02-23655616
新竹　新竹曼君的店　新竹市東南街96巷46號　035-255003
台中　賽斯興大讀書會　台中市永南街81號　0932-966251
高雄　天然園　高雄市林園區林園北路264號　07-6450406
　　　間隙輕展覽空間　高雄市左營區富國路450巷24號　07-5508808
美國　北加州賽斯人　sethbayareagroup@gmail.com
馬來西亞　賽斯學苑　sethlgm@gmail.com　009-60122507384
　　　檳城賽斯推廣中心　sethPenang@gmail.com
　　　檳城賽斯心靈推廣中心　sethspaceplt@gmail.com　009-601110872193

賽斯文化

想完整閱讀賽斯文化的書籍嗎？
以上地點有我們全書系出版品喔！

台灣身心靈全人健康醫學學會*Taiwan Society Of Holistic Medicine*

秉持著推廣身心靈三者合一的新時代賽斯思想健康觀念
培訓具身心靈全人健康思維之醫療人員與全人健康管理師
提升國人身心靈整體醫療照護，創造健康富足的新人生

期望您加入TSHM會員給予實質支持

一、醫護會員：年滿二十歲以上贊同本會宗旨之醫事人員或相關學術研究人員。
二、團體會員：贊同本會宗旨之公私立醫療機構或團體。
三、贊助會員：贊同本會宗旨之個人。
四、學生會員：贊同本會宗旨之大專以上相關科系所之在學學生。
五、認同會員：認同本會宗旨之個人。

感謝您的贊助，讓TSHM推廣得更深更遠
本會捐款專戶：
銀　行：玉山銀行（北新分行）ATM代號：808
帳　號：0901-940-008053
戶　名：社團法人台灣身心靈全人健康醫學學會

服務電話：(02)2219-3379
上班時間：每週一至週五上午10:00至下午6:00
地　　址：231新北市新店區中央七街26號四樓

心情。筆記

Note

心情。筆記

Note

心情。筆記
Note

心情。筆記

Note

國家圖書館出版品預行編目 (CIP) 資料

喜悅的期待：《健康之道》讀書會. 5 /
許添盛主講；李宜懃文字整理. -- 初版. -- 新北市：
賽斯文化事業有限公司, 2024.12
面；公分. -- (賽斯心法；24)

ISBN 978-626-7332-83-2 (平裝)

1.CST：超心理學 2.CST：讀書會

175.9 113015585

每天的生活，都是靈魂的精心創造

You create your own reality.

每天的生活，都是靈魂的精心創造

You create your own reality.